经济学学术前沿书系
ACADEMIC FRONTIER
ECONOMICS BOOK SERIES

交通基础设施与中国区域经济一体化

董洪超　张益华◎著

经济日报出版社

图书在版编目（CIP）数据

交通基础设施与中国区域经济一体化 / 董洪超，张益华著．-- 北京：经济日报出版社，2022. 7
ISBN 978 - 7 - 5196 - 1127 - 9

Ⅰ．①交… Ⅱ．①董… ②张… Ⅲ．①交通运输建设 - 基础设施建设 - 关系 - 区域经济一体化 - 研究 - 中国 Ⅳ．①F512. 3②F127

中国版本图书馆 CIP 数据核字（2022）第 114093 号

交通基础设施与中国区域经济一体化

作　　者	董洪超　张益华
责任编辑	周　璠
助理编辑	王孟一
责任校对	李晟北
出版发行	经济日报出版社
地　　址	北京市西城区白纸坊东街 2 号 A 座综合楼 710 室（邮政编码：100054）
电　　话	010 - 63567684（总编室） 010 - 63584556（财经编辑部） 010 - 63567687（企业与企业家史编辑部） 010 - 63567683（经济与管理学术编辑部） 010 - 63538621　63567692（发行部）
网　　址	www. edpbook. com. cn
E - mail	edpbook@ 126. com
经　　销	全国新华书店
印　　刷	北京建宏印刷有限公司
开　　本	710 × 1000 mm　1/16
印　　张	12. 75
字　　数	200 千字
版　　次	2022 年 7 月第 1 版
印　　次	2022 年 7 月第 1 次印刷
书　　号	ISBN 978 - 7 - 5196 - 1127 - 9
定　　价	48. 00 元

引　言

中共十九大报告中明确把“实施区域协调发展战略”作为建设“现代化经济体系”的重要举措。经济一体化作为区域协调发展的最高形式，自从20世纪50年代进入经济学家的研究视线后，其经济含义和研究视角一直在发展。本文以新经济地理学、新古典经济学、新经济增长等作为理论基础，根据冰山成本原理，将经济系统中生产及流通领域的时间和运输成本定义为“交通－物流”成本。本文从流通领域和生产领域两个方向研究中国区域经济一体化问题，研究中构建以交通基础设施为解释变量，区域市场一体化和产业一体化为被解释变量的分析框架。

在研究交通基础设施对市场一体化影响时，通过引入动态面板模型解决变量的内生性问题；在研究交通基础设施对区域产业一体化的影响时，通过产业分工和产业关联两个角度展开分析，并引入空间杜宾模型解决被解释变量的空间自相关问题。通过理论和实证分析，得出以下结论：①中国的区域经济一体化发展尚处于早期阶段，中国各地区间的经济一体化发展水平存在显著的差异。市场一体化与产业一体化的发展进程并不同步，市场一体化的进程要显著快于产业一体化。②中国在国家层面规划了多个城市群，从政策上推动了这些区域的经济一体化发展进程。城市群可以实现更高程度的市场一体化，但即使是经济发展水平和市场化水平较高的长三角、珠三角和环渤海地区仍然存在产业同构的问题。城市群对中国区域经济一体化发展的贡献体现在两个方面：一是扩大市场规模，二是削弱成员间产业分工合作的壁垒。③交通基础设施对中国区域经济一体化有显著的正向影响。具体表现为在中国大陆整体范围，东部、中部、西部三个区域以及各个城市群内，随着交通基础设施网络的完善，国内市场分割在逐步减弱，产业分工和产业的关联协作在逐步加强。④交通基础设施对国内市场一体化的影响较显著。完善中国的交通基础设施网络，能有效缩短地区间的“时空距离”，同时可以间接地削弱或消除区域之间人为设置的贸易壁垒，降低要素和商品的流通成本，从而推动中国区域性或全国性市场一体化的实现。⑤产业一体化更准确的理解是区域产业结构一体化。产业结构体现的是国民经济中的生产过程，要素禀赋、技术积累、产业链的形成以及关联产业的发展都会影响一个地区的产业结构。就中国当前实际情况来看，产业同构现象还非常普遍，全国性的产业分工和产业高效协作短期内仍无法实现。在长三角、珠三角、环渤海等国家规划中的城市群内，通过建设高效的交通基础设施网络，缩短各省市间的“时空距离”能有效地推动区域内的产业转移和扩散，从而推动区域内各生产部门间的合理分工和产业链各环节之间的紧密关联协作，实现区域性的产业一体化。⑥通过完善交通基础设施网络来推动区域经济一体化发展时，东部地区应遵循“铁路优先，公路次之”的原则。即优先建设高铁网络，然后建设高速公路，普通公路和内河航道在一定程度上可以让渡预算。而中西部地区则应遵循“铁路公路齐头并进”的原则。这是由于中西部地区铁路、高速公路和普通公路网络相对落后，其对区域经济一体化边际效用较高，所以要优先建设铁路和公路，内河航道及其他交通基础设施的建设则可以让渡预算。⑦为了提高区域性和全国性交通基础设施网络的建设速度，目前中国在投资基础设施时增加了很多 PPP（Public-Private-Partnership）项目，这种模式能提高建设效率，但存在“短期经济利益优先”的弊端。因此，在开展此类项目时，政府需要占据主导地位，以便规划中综合考虑全国和本地经济结构、市场结构、产业结构。

目　录
CONTENTS

第一章　导论

1.1 选题背景

在经济全球化快速发展的背景下，国家之间经济关联日益紧密且竞争逐渐加剧，区域经济一体化成为各国经济发展战略的主流。习近平总书记（2017）[1]在中国共产党的第十九次代表大会上所作的报告中指出："要以城市群为主题构建大中小城市和小城镇协调发展的城镇格局"纵观全世界的经济发展格局，以大型城市为核心的城市圈对全球的经济发展作出重要的贡献，城市圈对周边展示出巨大的辐射能力。由地理相邻或相近，在经济发展中消除产品流通壁垒，协调产业分工和协作的城市群构成了当前世界上最成功的区域性一体化经济体。区域经济一体化发展有助于形成更为庞大且成熟的产品、要素以及服务市场，区域内所有企业生产过程均基于要素的比较优势进行分工，全产业链中各个环节紧密合作，最终实现要素生产效率的最大化。区域的一体化发展为区域经济增长带来新的动力，同时又能够提升区域内、国内乃至全球的经济发展效率。

改革开放以来，中国市场化的发展取得显著成效，经济规模增长迅速，居民生活水平稳步提升，但与此同时，中国渐进式的改革带来了地区间经济发展的不平衡。以中国东部地区的环渤海、长三角和珠三角三个城市群为例，2016 年这三个区域的国民生产总值分别占全国的 10.48%，20.71% 和 11.32%，三个城市群年度国民生产总值占中国大陆全部 GDP 的比例合计超过 40%。中国国内各区域产业结构发展也存在不平衡的现象，珠三角地区的信息化综合指数达到 67.6%（聂惠明，2015）[2]。长三角第三产业产值超过 GDP 总产值的 50%，制造业占比超过 45%，区域内初步形成相当高效的产业结构。环渤海研发创新活动在所有制造业类企业中的占比超过65%。同时，省市间市场壁垒依然存在，由于地理距离和政策壁垒对区域内要素和产品流通的影响，区域内无法实现规模经济，产业同构依然是限制生产效率提升的重要因素。以长三角地区为例，浙江、上海和江苏的制造业部门产业结构相似系数超过0.9（唐立国，2002）[3]。虽然有学者认为产业同构并不一定会带来“恶性竞争”（陈建军，2004）[4]，但由此导致的重复建设问题却是客观存在的。

为了实现区域内的经济一体化发展。首先，要打破不同省市之间的行政限制，优化区域内要素、劳动力和产品自由流通的市场环境，为产业内的合理分工和产业间的协同发展提供客观条件和政策环境。其次，要根据区域内不同城市的资源禀赋和发展优势，对产业结构进行优化。发挥中心城市的带动作用，提升前端产业的发展层级和配套能力，推动中上游产业的转型升级并有序转移，促进分工协作，形成互为支撑的产业结构，提高要素的生产效率。第三，要探索不同城市间联动发展和协同发展的路径，区域内各城市根据要素禀赋和比较优势进行生产。同时优化基础设施建设布局，统筹建设区域内部铁路网和公路网，提高要素生产率并实现规模经济，陈秀山（2004）[5]对此进行了经济学上的论证。

综合以上分析，本文选取中国大陆为研究对象，从生产领域和流通领域两个方面出发，研究交通基础设施对区域经济一体化的影响路径和影响机制。将中国大陆31个省份，东部、中部、西部三个区域以及长三角、环渤海和京津冀三个城市群作为研究样本，对交通基础设施与区域市场一体化和产业一体化之间的关系展开实证研究。从市场分割、产业分工和产业关联协作等方面，提出通过规划建设交通基础设施来推动国内区域经济一体化发展的相关建议，并对后续的研究方向进行展望。

1.2 选题意义

在关于经济发展问题的研究中，区域发展一直是政府决策者和行业研究者关注的重点，而研究区域经济的核心问题就是经济一体化发展。在国际上，各个国家之间往往根据各自的地理位置、要素禀赋、产业结构和市场需求，通过签订协议的方式组成一体化发展同盟。例如位于欧洲的“欧盟”（前身即为欧洲经济共同体），位于美洲的“北美自由贸易区”，以及跨地区的“亚太经合组织”。中国作为世界上人口排名第一，国民生产总值排名第二，国土面积排名第三①的大国，国内存在山地、丘陵、平原、高原、盆地五种地形。省市间在地理地貌、经济发展水平、市场需求和产业结构等方面都存在显著的差异。中国一些以联合发展为目的的省市通过战略合作的方式建立区域性的一体化组织，例如早期形成的长三角、珠三角和环渤海地区，近年来形成的北部湾、长江经济带和中原城市群等。无论是国际上不同国家间的区域经济一体化组织还是国内的区域性城市群。一体化发展的区域内部成员之间通过减少“时空”分割，消除区域内部自然形成或者人为制定的障碍来分享共同的发展利益，规划合理的产业结构，实现更高的要素生产率。

1.2.1 本研究的理论意义

传统的新古典增长理论或比较优势理论为我们分析当下贸易格局提供了一个参照系。但是，却无法解释当今经济世界中的许多现象，例如产业同构、地区间的要素价格不均等、发达国家间的贸易流量远远大于发达国家与发展中国家之间的贸易流量等问题（范剑勇，2004）[6]。因此，本文不再遵循新古典理论的分析框架，不再认为经济发展中规模报酬是不变的，

① 根据国际上通用的标准，国土面积等于一个国家的陆地面积加上内水面积（湖泊，河流）。因此，中国面积约为967万平方千米（包括藏南，台湾，以及港澳）是世界上面积第三大的国家。

并且将“交通－物流”成本纳入新经济地理学的基本框架中，根据这个前提假设来研究中国交通基础设施对国内区域经济一体化进程的影响。

（1）完善中国经济一体化的理论基础

纵观全球，政府是推动区域经济一体化的最有力主体。而推动区域经济一体化主要有两种形式：一是国与国之间签订的经济发展一体化协定，例如推动国际金融、贸易、技术、投资一体化发展的协定（刘志彪，2014）[7]；二是一个国家内部某几个省市签订的经济发展一体化协定。第二种往往是经济转型发展中的大国所需要关注的，这也是中国一直以来在经济健康发展中重点关注的问题，早已上升到国家总体规划的高度。从传统的经济、社会体制上看，一个国家内部不同的省市所执行的都是通过共同竞争后由国家统一制定的政策，理论上在一个主权国家内部不应该存在着严重的区域分割倾向。然而在实践中，我们往往会看到，一个国家内部不同区域在经济发展中不但存在着较为显著的分割现象，而且降低这种非一体化发展的难度通常并不比实现国家之间的一体化发展更低，尤其是对于处在经济转型和产业升级时期的大国来说更是如此（范剑勇，2004）[8]。对于区域经济是不是一体化发展的问题，最为直观的特征是区域内各个行政单元之间是不是充分开放的，资源在不同省市间是否可以自由流动，省市间在制度和政策制定时是否存在“地域歧视”①。影响区域经济一体化发展既有自然因素也有人为因素，且自然因素和人为因素是可以互相影响的。以基础设施为例，由于基础设施属于公共物品，所以往往存在一定的空间溢出效应，交通基础设施的空间溢出效应更为显著，这种溢出效应能对经济系统的空间结构产生直接影响。研究中国的区域经济一体化时，不能完全遵循欧美发达国家的理论路径。首先，中国的经济体量、人口数量和国土面积都与

① 地域歧视就是基于地域差异而形成的一种“区别对待”。它是由地域文化差异、经济发展不平衡、人类心理活动等因素引发的。地域歧视因此长期存在于网络中，本文中将其定义进行引申，主要是指地方政府对异地的要素、商品以及人员流动到本地后，制定政策时进行区别对待的现象。

欧美发达国家之间存在显著的差异。其次，中国历史悠久，在各个历史时期，国内各区域的要素禀赋、产业结构以及政策都在不断变化。因此，研究中国的经济一体化问题时不能“唯市场论”。第三，中国各区域间经济系统中的生产、交换和消费结构都存在显著的差异。区域经济一体化要实现整个经济系统的一体化发展，显然无法用单一的指标进行衡量，要从生产、交换和消费三个方面展开。为了本文的研究过程更为清晰，我们将交换和消费纳入流通领域。综上所述，本文假定中国区域经济一体化的理论过程是各个区域逐步实现一体化，生产和流通两个环节分别实现一体化。

（2）从“交通－物流”成本的角度研究区域经济一体化的发展过程

国内外在研究区域经济一体化的方法中，国家之间的经济一体化和一个国家内部的经济一体化存在较大差异。本文研究的是中国国内的区域经济一体化问题，主要涵盖经济系统两个重要的组成部分，即生产领域的一体化和流通领域的一体化。交通基础设施通过降低“交通－物流”成本，一方面缩小生产要素、技术、人力资本和产品在不同地区间的价格差异，从而逐步实现市场一体化。另一方面流通成本的降低对扩大生产规模有积极意义，从而带来区域内的产业分工，提高生产效率；“时空距离”的缩短能有效推动区域内产业间的关联，从而形成紧密的产业链。随着产业分工和产业关联的加强，区域产业结构将逐步实现一体化发展。虽然国内外许多研究者对中国的区域经济一体化进行了研究，“然而在解释市场分割时，人们往往从财政分权后的地方保护主义角度进行解释，而在研究区域经济一体化时又往往专注于地区间的贸易壁垒。”（刘生龙和胡鞍钢，2011）[9]。本文从流通效应和生产效应两个角度来研究交通基础设施对区域经济一体化的影响过程，具有很重要的理论意义。

1.2.2 本研究的现实意义

众所周知，中国地域范围非常辽阔，由于地理特征、历史发展以及自然资源存量等原因导致不同地区之间在经济发展过程中存在较大的差距。当一个地区的经济发展水平显著优于相邻区域，其在经济发展过程中不可避免地会对周边区域产生影响。本地经济增长的溢出效应会给相邻区域的经济生产产生一定的带动作用，地区间经济水平的差距也会导致处于优势地位的省市从周边吸取资源。与此同时，周边地区经济发展所带来的居民收入增加，能反过来为处于中心地理位置的地区提供更广阔的产品输出市场，从而扩大中心区域的经济发展空间。然而，不管是中心城市向周边城市输出最终产品，周边城市向中心城市输送生产资料；还是整个区域内部产业在省市间转移，资本、劳动力、生产要素以及产品的流通都会产生一定的成本。这些因素会引致地区间的贸易摩擦，从而对整个区域内经济的一体化发展产生负面影响。因此，我们需要通过行政或市场手段来消除或者降低这一负面影响，而本文认为通过完善交通基础设施网络，提升要素或产品流通的便利性来降低流动过程中的成本是切实可靠的，具有较强的现实意义。

（1）为区域经济协同发展中产业规划提供基础

中国这样面积、人口和经济体量都巨大的发展中国家，在经济转轨过程中，自然资源、社会资源和生产要素的流动会受到各种复杂因素影响。其中，对区域经济一体化影响最为直接的因素有两类：一类属于自然形成的因素，包括客观存在的地理地貌和长期经济发展中积累的技术和基础设施；另一类包括各个地方政府出于地方保护角度所制定的准入、财政、税收以及市民待遇等因素。在这两类因素中，第一类因素主要在区域经济一体化过程中影响其成本和发展效率。地理地貌、基础设施以及技术积累差异的存在，会对区域内各省市间的贸易成本和产业结构产生影响，从而引致区域间经济发展不平衡的产生或加深。在区域经济一体化过程中交通基础设施的发展可以通过成果共享以及技术、生产要素的流动来削弱区域内各省市经济发展的成本。第二类是影响区域一体化发展的“可能性”，因为政策以及制度的差异，尤其是人为设置的壁垒，会通过“地域歧视”来系统地、长期地、且大幅度地扭曲和阻碍生产要素、资本和技术的自由流动，从而人为地造成区域内部以及区域间的经济发展不平衡。交通基础设施的完善可以倒逼机制改革，如近年来依赖便利的交通运输条件而快速发展的快递业，以及与此息息相关的网络购物，就从侧面跳过商品流通中地方政府设定的流通壁垒，倒逼政府放弃人为设定的政策阻碍。

交通基础设施作为准公共物品具有典型外部性，不但对本地的经济发展产生影响，而且其空间上的溢出效应不可避免地对周边区域的经济发展产生影响（邓丹萱，2014）[10]。所以，交通基础设施可以将区域内不同省市连接起来，发挥其区域外部性的特征。另外，交通基础设施作为要素及商品流动的载体，具有典型的网络属性。一方面，交通基础设施能通过加强不同地区之间的联系，从而降低要素或产品的流通成本，同时还可以通过经济生产经营的扩散效应带动周边区域的经济发展，这时交通基础设施在空间上表现出正向溢出效应。另一方面，正是由于交通基础设施能降低要素或产品跨区域流动的成本，这对于经济发展处于优势地位的区域，能带来更多要素和资本的流入，从而使原本就发达的地区变得更发达。要素和资本并不是凭空出现的，而是从相邻区域流出的，这也就使得经济上处于劣势地位的区域在要素被带走后经济发展更加缓慢，在整个区域经济发展中变得更加落后，这时交通基础设施就在空间上表现出负的溢出效应。认清交通基础设施的经济外部性和网络效应对研究区域经济一体化过程中协调发展的问题具有很重要的现实意义。

（2）推动城市群的构建，提高要素生产率

中国各地区空间相邻或相近的城市大量结成城市群，有规模较大的长三角、珠三角、环渤海城市群，也有沿海经济带、北沿江经济带、北部湾等规模较小的城市群，结成城市群的目的无非是希望通过协同发展来实现规模经济。然而，城市群内部需要寻求一种路径来实现要素的高效配置和产业的合理分工。“从理论上讲，加强城市间交通基础设施建设能够降低区域之间的贸易成本，提高区域之间的贸易效率”（张先锋等，2010）[11]交通基础设施网络的完善使得技术人员具有更高的流动性，为科技创新提供了基础，也因此推动更先进的技术往核心区域集聚。同时交通运输条件的改善能有效地推动地区之间的贸易往来，从而扩大了商品的消费市场，也为产业在不同地区间的垂直分工产生正向推动作用。由于交通基础设施的最基本功能就是连接不同的地区，所以各地方政府在规划本地交通基础设施投入时，也要考虑到相邻城市以及城市群城市之间的交通基础设施建设情况。本研究将为城市群内部以及城市群间通过完善交通基础设施网络，为区域经济一体化进程中促进市场一体化、产业一体化以及基础设施一体化，推动全国经济持续高效的发展提供决策支持，具有重要的现实意义。

1.3 相关概念及研究范围界定

1.3.1 区域经济一体化的内涵

区域原本是一个地理学的概念，是指在地球表面一个完整的地域。在研究经济问题时融入了经济学的思想之后就构成了本文中区域的概念，即在经济上紧密关联的空间范围。经济一体化的概念最早是1949年美国经济学家保罗·霍夫曼在关于欧洲一体化发展战略的阐述中提出，此后贸易壁垒和经济歧视被引入到经济一体化的概念中。随着该理论的发展，经济一体化被划分为三个层次：全球经济一体化、国家之间的经济一体化和一国内部的经济一体化。由此本文对区域经济一体化的内涵做出初步总结与概括。

（1）区域经济一体化

“区域经济一体化”包含了“区域”“经济”和“一体化”三个要素，其中，经济是指国民经济系统，即社会再生产过程中的生产、分配、交换和消费等环节互相作用所形成的有机整体。一体化是指原本多个相互独立的个体通过特定的方式在某一个体系下相互配合、协作、共享成果的过程。由此，可以对区域经济一体化进行定义：即一个区域内原本相互独立的国家或地区，通过合作形成一个统一的经济系统。区域经济一体化包含了生产、分配、交换和消费的一体化，生产是后三者的基础，消费是产品或服务最终价值的体现，而区域内分配和交换都依赖于流通领域，因此生产领域和流通领域是区域经济一体化最重要的基础，本文将从生产一体化和流通一体化两个角度展开研究。

（2）国家之间区域经济一体化

国家之间的经济一体化往往是由两个或多个地理位置相接或相邻的主权国家，为了经济系统发展的完整性和高效性而通过协议的方式来消除壁垒和歧视，最终形成相互依赖、经济协调发展的有机整体。由于国土范围以及人口的客观条件，国外关于区域经济一体化的研究大多是关于国家之间的贸易条件，早期的研究是从商品贸易成本的角度展开，随着经济和技术水平的提升，越来越多的经济学家在研究区域经济一体化时将生产过程提升到与贸易同样的高度。彼得·罗伯逊对区域经济一体化的内涵做出更全面的阐述：区域内部各成员之间通过消除限制经济高效运行的壁垒，共建联合生产的基础来推动区域内生产要素、技术和产品的流通，同时构建高效的产业结构来实现区域内整个经济系统的协调运行。

（3）中国国内区域经济一体化

一个国家内部区域经济一体化的研究往往存在于地理范围较广、人口基数较大的国家。以中国为例，中国国土面积超过欧盟 28 个成员国（含英国）总面积的两倍，人口数接近欧盟总人口数的三倍，由此可见，研究中国国内区域经济一体化的问题具有较强的现实意义。朱金海在研究中国区域经济一体化问题时提出："行政管理体制是区域经济一体化的限制，企业和市场是主体，通过政府和市场的双重手段达到生产要素配置优化、分工合理、产业协调是区域经济一体化的最终目的。”聂华林等认为区域经济一体化应该从发展的过程展开研究，生产和消费是中国国内区域经济一体化的两个重要组成。

本文研究中国国内区域经济一体化的问题，综合国内外的已有研究，我们认为中国当前区域经济一体化是从国内某些区域（如长三角、珠三角、环渤海等区域）开始，全国的一体化是最终发展方向。在此过程中，交通基础设施通过改善运输条件、降低物流成本、缩短“时空”距离，推动产品的流通和生产过程的分工协作，实现流通和生产两大领域的一体化发展。本文关于区域经济一体化的指标构建将在后续章节进行详细的阐述。

1.3.2 交通基础设施的内涵

交通基础设施作为基础设施的重要组成部分，一直以来都是学者研究经济问题的重要方向，但由于运输工具以及人类科技水平的发展，交通基础设施并没有统一认可的概念，不同历史时期的学者对该问题的理解存在显著的差异。当然，要想对交通基础设施进行定义就要先认清基础设施的含义。

（1）基础设施

对于基础设施的概念，发展经济学领域的学者最早给出定义，罗森斯坦·罗丹（1943）[12]将基础设施看作是社会的先行资本，他认为基础设施是经济发展和工业化的关键要素，基础设施的建设是经济持续发展的必要条件。艾伯特·赫希曼（1991）[13]则将基础设施看作是经济系统的间接成本，根据其在各产业中的作用划分为广义的基础设施和狭义的基础设施。具体从四个方面来判断：①这种间接资本为经济发展提供基础服务，并且是社会中各生产环节所必须的；②这类资本的提供方主要由政府或非盈利性公共部门构成，建设过程受到了政府监管；③该成本所提供的劳务不能由国外进口；④投资技术是整体不可分割的，具有规模大、周期长、投入产出高的特点。满足前三个条件的被界定为广义的基础设施，如教育、法律、文化等。四个条件全部满足的则被定义为狭义的基础设施，如能源、通信、交通等。1994 年世界银行的报告中对基础设施做出进一步分类，根据用途将交通（包括航空、陆路和水路）、公共事业（水、电、燃气以及环境治理等）、公共工程（包括水坝、运河和管道等）定义为经济性基础设施，将科研、教育、文化和卫生等生活保障型基础设施定义为社会性基础设施。此后有学者对经济性基础设施的特征进行总结，认为所有的经济性基础设施都具有外部性且都是规模经济。

国内关于基础设施的系统性研究要晚于欧美国家，王延忠等认为基础设施是连接生产、流通以及消费三个环节的公共物品。于光远提出在中国，那些为生产、流通部门提供服务的设施即为基础设施。关于基础设施的分类，国内学者大多沿用世界银行的分类，按照职能划分为经济性基础设施和社会性基础设施。综上所述，本文作出如下定义：基础设施就是那些为社会生产经营和居民生活提供支撑的公共物质设施和服务，是用于保证一国经济活动正常进行的公共基础。

（2）交通基础设施

交通基础设施作为基础设施的一种，属于经济性基础设施，具有基础设施的特性且直接服务于经济系统中的生产和流通领域。关于交通基础设施在经济系统中的定位，Rietveld 和 Nijkamp 在研究欧洲交通基础设施与区域经济的关系时做出了系统的阐述。他们从六个方面对交通基础设施的特性进行总结：①交通基础设施能直接影响其他类型的设施在区域经济中的效率，在拥有良好交通网络的地区，基础设施增加带来的边际产出更高。②交通基础设施具有空间外部性，同时会增强某些产业的空间外部性，当在交通网络良好的区域，一个省市的生产或消费对区域内其他省市的影响更为显著。③新类型、高效率的交通基础设施能带来经济的跨越式发展，例如，铁路的出现引起欧洲产品运输和公众出行的革命，中国高铁的出现为技术交流和人才流动带来的影响也是空前的。④交通基础设施虽然不是区域经济发展的充分条件，但却是必要条件，交通基础设施的创造效应和转移效应对一个地区所带来的总效应是不确定的。⑤交通基础设施网络的改善对于物流成本的下降作用是毋庸置疑的，交通 – 物流成本的降低为产品的流通、产业的分工和协作奠定基础。⑥交通基础设施和能源、通信、科技、教育、文化、卫生等基础设施之间存在一定的协同效应，各种基础设施是相辅相成的。

综上所述，本文给交通基础设施作出如下定义：交通基础设施是那些为满足要素、产品流通和公众跨区域转移需求的基础设施，相较于其他基础设施具有显著的网络性和外部性。本文关于交通基础设施的指标构建将在后续章节进行详细的阐述。

1.3.3 研究范围

本文研究中国大陆交通基础设施对区域经济一体化的影响，研究范围是中国大陆的 31 个省（市、自治区）。由于中国国土面积辽阔，不同省市间气候、地理地貌以及生活习惯各不相同，沿海城市与内陆城市之间，在经济发展水平、基础设施以及人才存量方面都有较大差距。另外考虑到中国西部地区的省份，特别是青海省和西藏、宁夏等几个自治区，其独特的地理特征、广阔的土地面积以及相对落后的经济结构，为了研究的严谨性和科学性，本文在分析中从三个角度展开：第一，全样本的角度，即中国大陆的 31 个省（市、自治区）。第二，按地理范围划分的东部、中部和西部三个区域，根据各省市在中国大陆的地理位置及约定俗成的东部、中部、西部三个区域，每个区域具体涵盖的省份为表 1.1：

表 1.1　中国大陆三区域省份划分

位置	数量	省级行政单位
东部	12 个	北京、天津、河北、辽宁、上海、江苏、浙江、福建、山东、广东、广西、海南
中部	9 个	山西、内蒙古、吉林、黑龙江、安徽、江西、河南、湖北、湖南
西部	10 个	四川、重庆、贵州、云南、西藏、陕西、甘肃、宁夏、青海、新疆

注：本文关于中国东部、中部和西部三个区域划分以《中国统计年鉴》相关标准执行，下同

第三，从国务院批复的六大城市群中选取经济发展较为成熟的长三角城市群、环渤海城市群以及珠三角城市群作为研究对象，分析城市群内部和不同城市群之间交通基础设施对区域经济一体化的影响，中国三大城市群所涵盖省市为表 1.2：

表 1.2　三个城市群的涵盖省市

区域	省份	城市
长三角（18）	上海市	上海
	江苏省	南京、无锡、常州、苏州、南通、盐城、扬州、镇江、泰州
	浙江省	杭州、宁波、嘉兴、湖州、绍兴、金华、舟山、台州
环渤海（13）	北京市	北京
	天津市	天津
	河北省	保定、唐山、石家庄、廊坊、秦皇岛、张家口、承德、沧州、衡水、邢台、邯郸
珠三角（10）	广东省	广州、深圳、佛山、中山、惠州、东莞、珠海、江门、肇庆、深汕特别合作区

注：本章所选取的三个城市群所辖地级市范围以国务院 2017 年 12 月 31 日前关于城市群发展规划所批复的文件为准，下同。

1.4 文章结构及研究方法

1.4.1 文章结构

本文共分为七个章节，系统性地从生产效应和流通效应两个维度研究

交通基础设施对区域经济一体化的影响：

第一章，导论。本章内容包括本文的研究背景，选择该选题的理论意义和现实意义，相关概念及研究范围的界定，本研究中所采用的技术路线。最后是本研究与其他相近研究相比存在的主要创新点以及不足之处。

第二章，理论基础和文献综述。本章首先介绍了研究开展所依赖的经济学、管理学、社会学以及其他相关学科的理论基础，然后对与交通基础设施、市场一体化、产业一体化以及区域经济发展有关的国内外权威且有一定影响力的研究成果和文献进行回顾总结。从而为本文的研究视角、逻辑思维和研究方法提供借鉴。

第三章，理论分析。本章从“交通－物流”的时间成本和运输成本两个角度展开，采用新经济地理学中的相关研究方法，分析物流成本的降低对区域经济发展的影响。在此基础上对区域内流通领域和生产领域的发展进行分析，并通过理论推导得出交通基础设施对区域经济中流通和生产影响的动态过程，为后续研究的展开提供理论支撑和路线指导。

第四章，区域经济一体化和交通基础设施的指标构建。本章首先根据前文关于区域经济一体化的概念，阐述一体化在国民经济中的作用，并据此构建区域经济一体化的理论框架。然后从经济系统的概念出发，结合社会化大生产中的规模经济效应、产业分工效应和区域投资效应，将区域经济一体化的动态过程按照流通领域和生产领域划分为两个维度：区域市场一体化和区域产业一体化。根据基础设施和交通基础设施的概念从广义和狭义两个方面进行阐述，并结合相关理论梳理了交通基础设施对全社会基础设施发展的推动作用。最后分析中国交通基础设施近年来的发展现状及未来发展趋势，并构建出本文中研究变量的指标体系。

第五章，交通基础设施与市场一体化分析。本章首先对省际、地区之间、城市群之间的市场分割情况进行测算，然后通过动态面板模型从交通基础设施代理变量的角度，研究公路、铁路以及水路基础设施对区域市场一体化的影响路径和影响机制。

第六章，交通基础设施与产业一体化分析。本章首先对产业一体化的概念进行科学归纳，选择产业分工和产业关联来作为产业一体化的表征，在此基础上对省际、地区之间的产业分工和产业关联进行测算。然后采用空间杜宾模型，通过实证分析交通基础设施对区域产业分工和产业关联的影响，从而得出交通基础设施对区域产业一体化的影响路径和影响机制。

第七章，结论及思考。本章对本文前面六个章节的研究进行梳理，并根据三、四、五、六章的研究结果，总结交通基础设施如何通过市场一体化、产业一体化来完整地推动区域经济一体化的进程以及作用机制。最后提出可行性建议，并根据本文研究过程中存在的不足对后续研究方向作出展望。

1.4.2 研究方法

本文主题为交通基础设施对中国区域经济一体化的影响研究，本文的研究以空间经济学和新经济地理学的思想作为主线，力图将交通基础设施在区域经济一体化进程中对市场一体化和产业一体化的影响机制和过程进行详细剖析，采用定性分析与定量分析相结合的方法，包括：

（1）定性分析与定量分析相结合

首先对区域经济一体化的内涵及其进程和交通基础设施之间的关系进行定性研究。然后以此为前提展开交通基础设施对区域经济一体化影响的定量研究。定量研究中运用多种计量模型：动态面板模型、空间杜宾模型和动态两部门模型。

（2）实证与理论研究相结合的方法

本文主要对中国大陆的交通基础设施与区域经济一体化之间的关系及影响机制展开研究，分别以大市场理论、产业分工理论、交易成本理论以及核心－边缘理论作为理论分析基础。在研究交通基础设施对区域经济一体化影响路径和机制时构建实证分析模型，通过理论与实证分析的结合，得出严谨的结论。

（3）动态分析与静态分析相结合

区域经济一体化是一个过程，所以需要采用动态分析的方法才能更准确地研究其演变进程，交通基础设施是实物存量，但积累的过程又是动态的。所以，本文需要采用动态与静态相结合的方法进行研究。

1.5 创新点及不足之处

1.5.1 本文的创新点

从亚当·斯密开始，经济学家们关于区域经济规模的扩大对地方经济增长的推动作用从未动摇。中国作为一个国内市场巨大的经济体，由于国内地域辽阔，各地区地理特征及经济发展水平也存在显著的差异。本文试图通过研究交通基础设施对区域经济一体化的影响路径和机制来为中国各地区的协调发展提供理论指导。

（1）从生产和流通两个领域研究区域经济一体化问题

基于新经济地理学及斯密定理的理论基础，将区域经济一体化的动态过程进行量化，并对其结构层次进行渐进分析。区域经济一体化是一个复杂的动态过程，目前学界并没有对该问题的节点状态形成相对一致的评估方法，已有的关于区域经济一体化的研究往往从贸易的角度开展，认为影响区域经济一体化的关键是各地的贸易政策和产品流通成本，而忽略了经济系统中更为重要的生产过程。本文为了更严谨地对交通基础设施推动区域经济一体化进程的影响路径进行研究，从流通和生产两个领域构建交通基础设施与区域经济一体化的两个子维度——市场一体化和产业一体化之间的计量模型。以求更为准确地衡量交通基础设施在中国国内区域经济一体化动态发展中所发挥的效应，并据此针对中国不同地区的实际情况为交通基础设施投入建设提出建设性的理论指导，这在一定程度上弥补了国内外关于交通基础设施与区域经济一体化相关研究的不足。

（2）科学的构建研究指标和计量模型

在研究交通基础设施与区域市场一体化时，考虑到基础设施作为存量指标在时间序列中存在显著的自相关，而市场分割也存在显著的时间上的持续性；另外，由于各地消费者偏好、气候特征以及环境等因素无法量化，所以，引入市场分割滞后期作为控制变量。而为了解决变量的内生性问题，本文将动态面板模型与空间计量分析相结合，以此更为严谨地研究交通基础设施对区域市场一体化的影响。而在研究区域产业一体化时，由于不同类型的产业所需生产要素的流通路径并不完全一致，区域内全产业链形成的关键是各产业之间的关联。另外，产业分工虽然能够解决区域内产业同构的问题，但并不能直接改善产业链各个环节之间的协作效率。因此，本文引入产业关联的概念，从区域内产业分工和产业关联两个角度来研究产业一体化问题。由于交通基础设施和产业布局在理论上都存在一定的空间自相关，所以本文构建空间杜宾模型来研究交通基础设施对各区域内产业分工和产业关联的影响，并且分别以地区间的空间距离以及铁路长度构建空间权重矩阵，进行相互印证。

1.5.2 存在的不足

（1）政策性指标量化问题

根据前文的阐述，本文认为区域经济一体化具有涵盖范围广，涉及层面多，影响因素繁杂的特征。以本文量化研究的两个方面为例：市场一体化和产业一体化。在完全市场理论下，各区域经济一体化的省市之间不存在壁垒，信息完全对称，各省市的决策者也满足“理性经济人”[①]假设。各

① 理性经济人的概念来源于亚当·斯密的《国富论》：人只要做“理性经济人”就可以了，“如此一来，他就好像被一只无形之手引领，在不自觉中对社会的改进尽力而为。在一般情形下，一个人为求私利而无心对社会作出贡献，其对社会的贡献远比有意图做出的大。”具体说就是消费者追求效用最大化，厂商追求利润最大化，要素所有者追求收入最大化，政府追求目标决策最优化。

地政府决策者在追求自身最大化过程中，经济一体化区域实现总体资源配置最优，然而事实并非如此。

首先，各地方决策者在做出决策时往往并非完全出于经济最大化原则，虽然本文研究的对象均位于中国大陆，但各个区域内不同省市间在经济发展基础、人口分布、地理特征以及要素禀赋等方面存在较大差异。不同省份间仍然存在出于保护本省稀缺资源，保障本省劳动力就业或维持本省生态环境优势而人为设置的贸易壁垒，对这些壁垒的衡量，本研究无法做到准确的量化。其次，财政收入是各省市经济发展的基础，作为地方财政收入重要来源的税收目前包括地方税收、中央税收和中央地方共享税收三部分。各个地方会从本省经济发展的角度来制定部分财税政策，这将对不同产业、不同企业的投资生产选择产生较为直接的影响，而这些财税政策指标在本文的研究中无法做到准确的量化。第三，决策者在经济生产中所依赖的基础设施建设投入中，往往有部分建设是为了短期的社会影响，即为了自己的政绩而不去考虑对经济发展的长期影响，这就导致区域内不同省市基础设施投入中并不能达到协同建设、互相推动协调发展的目的，而这将对区域经济一体化产生较为直接负面的影响。最后，不同省市间在公共设施，如医疗、教育、文化基础以及户籍政策等方面也存在较大的差异，而这对人力资本流动会产生直接的影响，如何在研究中准确地衡量该部分影响因素也是本文的难点及不足之处。

（2）交通基础设施衡量有一定局限性

本文在衡量交通基础设施时存在以下两个方面的局限：第一，交通基础设施涵盖的范围较广而实际测量无法全部体现。交通基础设施作为基础设施的重要组成部分，是为居民生活和社会生产经营提供公共服务的物质基础，交通基础设施具有先行性和基础性、不可贸易性、整体不可分性以及准公共物品性的特征。由此看来，交通基础设施包含范围非常广泛，涵盖铁路、公路、水运、航空以及与之相配套的机电设备、供电系统、通信信号，还包括作为枢纽存在的车站、机场码头等。而在研究中我们无法将这所有的设施进行全部量化计算，所以，在交通基础设施衡量过程中存在一定的局限性。

第二，选定的交通基础设施指标在数据测量时存在的局限性。在以往关于交通基础设施的研究文献中大多从流量和存量两个角度开展。将交通基础设施作为存量变量进行研究时，常以铁路、公路基础设施的累计存量作为交通基础设施的研究对象。本文旨在研究交通基础设施在经济生产和要素产品流通中所发挥的作用，单纯地考察一地的铁路和公路存量情况并不能准确地衡量其在运输领域所发挥的作用。而将交通基础设施作为流量变量研究时，不管是从周期内交通基础设施建设投资情况还是从运输的量来考虑，都无法回避的一点是交通基础设施的双重效应问题，即经济效应和社会效应。在研究中，我们无法剔除交通运输量中所包含的社会性运输部分，因此也同样存在一定的局限性。

（3）面板数据时间跨度不足

本文选取的研究时间段为 2001–2016 年，时间跨度较短使得本文的研究结果可能出现偏误。首先，交通基础设施建成投入使用到改变运输习惯需要一定的时间周期。例如原本不存在高速公路的地方，客货运输大多由国省干道承担，在高速公路的投入使用后能显著提高运输效率，但同时也提高了运输成本。因此，企业在选择运输路径时往往要经过一段时间尝试来权衡效率和成本，实现利益最大化。然而，这一过程需要一定的时间，需要更长的时间跨度来印证其在区域经济一体化中的作用。其次，市场一体化、产业分工以及产业链形成都需要较长的时间周期，因为各地在市场政策以及产业政策制定过程中需要政府部门进行考察调研，然后谨慎地制定相关政策，这往往不是一两年能够实现的，而产业的转移扩散甚至是厂商跨区域搬迁也需要厂房、配套设施以及人员的迁移，都需要耗费一定的时间。然而，由于国内统计年鉴对铁路分省的统计是 2001 年才开始的，等级公路的区分统计也是 1998 年才开始，另外产业关联的指标构建来源于投入产出表，国家每五年才开展一次精确统计，以上这些都会导致本文的数据存在一定的局限性，从而对估计结果产生一定的影响。

第二章　理论基础和国内外研究回顾

二战以后，世界各国纷纷将经济发展作为新的任务，而战后以美苏为代表的超级大国的出现，使生产要素在不同国家间分布极不均衡。各国在寻求经济发展的道路中认识到生产要素流动的重要性，西方发达国家之间在协作中形成了生产分工、要素交换、产品流通的协调机制，这就是区域经济一体化的雏形。此时，经济学家也认识到区域经济协调发展对推动本国经济的重要性，荷兰经济学家简・丁伯根在这一背景下提出区域经济一体化的概念。《国际经济一体化》一书中对区域经济一体化的内涵进行阐述，认为在不同经济体间消除市场管制和政策性地域歧视，引入经济自由发展即可实现区域经济体的一体化（王俊，2013）[14]。美国经济学家贝拉・巴拉萨（2003）[15]对区域经济一体化的概念做了进一步阐述，认为产品和生产要素在不同地区间的自由流动是一体化的本质。由此可以看出，自从区域经济一体化进入经济学家的研究视野，流通、运输和分工就是不可回避的构成要素，研究区域经济一体化问题时，交通基础设施是一体化得以实现的客观基础。因此，本文研究交通基础设施对区域经济一体化的影响路径和机制。经过半个多世纪的发展，国内外学者在区域经济一体化过程中形成大量的理论，但由于各时期的经济学家的研究侧重点不同，因此研究成果丰富且多样，这些都构成了本文研究的理论基础。其中较为重要的有：大市场理论、产业分工理论、交易成本理论以及中心－边缘理论。

2.1 研究区域经济一体化的理论基础

2.1.1 大市场理论

大市场理论也称共同市场理论，该理论由美国经济学家提勃尔·西托夫斯基（Tibor Scitovsky）和德纽（J.F.Deniau）提出。

大市场理论主要观点：西托夫斯基和德纽对长期以来各国的贸易政策进行分析，认为各个国家在制定贸易政策的过程中，都以本国利益为出发点，或多或少地设置贸易壁垒，从而导致本国商品交易只有较小的国内市场，而不能实现规模经济，由此他们提出大市场理论。他们认为不同国家可以通过协作建立统一市场，从而实现规模经济，赚取更多利润。也就是说，大市场理论的基础是扩大市场规模，而阻碍其实现的根本原因是贸易壁垒，所以要通过政府间的行为来建立共同市场，从而将生产要素、厂商以及技术集中起来，扩大生产规模，将资本以及生产设备充分利用，由此促使生产过程专业化、社会化，产业化。先进的技术能在更大范围内推广使用，进一步加强市场竞争，从而使生产过程的边际成本下降，再加上各国之间取消贸易壁垒，税收减少，信息不对称被消除，最终促使商品销售价格降低。而这些又导致居民生活中货币购买力增加，消费量也会相应地增加，根据国民经济构成，消费最终将转化为投资，所以，这一过程将引致投资增加从而使得国民经济良性循环发展。虽然西托夫斯基和德纽的大市场理论是根据统一市场提出的，并且这一理论是基于自由竞争以及没有贸易壁垒的市场，但其对区域经济一体化的建设提供了重要的理论支撑。

（1）大市场引致专业化分工

多个国家通过缔结贸易协定建立共同市场，从而将各国内部市场向外扩大延伸，更大的市场规模会将更多的企业纳入，从而加剧同类型企业之间的竞争。市场竞争的结果有利于提升企业生产效率，将竞争力较差的企业淘汰，那些具备技术优势也具有较好发展前景的城市通过竞争能够获得更大的市场，从而扩大生产规模，进一步实现专业化生产。

（2）大市场引致生产规模扩大

共同市场的建立能有效推动具有发展优势的企业扩大生产规模，生产规模的扩大能降低企业生产成本，而竞争的市场同时倒逼企业提高生产效率，两者共同推动最终商品销售价格的下降，从而促使市场购买力进一步扩大，最终结果是居民生活水平得到改善。

（3）大市场推动经济发展

由于市场购买力进一步扩大，居民生活水平得到改善，从而居民消费也会随之增加。而这又能反过来提高企业投资意愿，整个市场投资总体水平的增加使总体经济规模扩张，经济发展进入良性循环。由此可以认为，共同市场的形成能推动各国经济良性发展，最终实现区域经济蓬勃发展。

2.1.2 产业分工理论

产业分工理论也称产业区域分工理论，主要描述产业在空间范围内的分布情况。关于产业分工的研究已经有数百年的历史，它是随着生产力的发展而发展的。从全球经济格局来看，各个国家、各个地区在经济上都与其他一些国家和地区既有联系又有分工，一个国家与外界发生经济贸易往来，实际就是参与了分工。在经济学中，传统的产业分工理论主要有亚当·斯密的绝对优势理论、大卫·李嘉图的比较优势理论、约翰·穆勒的相互需求理论、赫克歇尔－俄林要素禀赋理论等。

（1）亚当·斯密的绝对优势理论

绝对优势理论是指在某一商品的生产上，一国所消费的劳动成本绝对低于另一国，在生产效率上占有绝对优势，因而该国可以生产并出口该种商品。亚当·斯密的绝对优势理论集中反映在他的代表作《国民财富的性质和原因的研究》一书中，这一理论是建立在他的地域分工理论基础上的。他从微观的个体，即个人、家庭，递推到国家、社会来阐述地域分工的合理性。他强调绝对优势理论有一个基本前提，包括自然资源优势、气候条件优势、生产技术优势，等等。由此可见，绝对优势理论建立在绝对优势的基础之上，一国在某一或更多方面占有绝对优势，其产品成本则较低，继而参与国际市场的交换与竞争。

（2）大卫·李嘉图的比较优势理论

李嘉图的比较优势理论认为："各个国家会更多地生产对于本国来说成本相对较低的产品。"然而能否生产相对廉价的产品最终将取决于各国的技术水平以及生产要素的价格水平，而生产要素的价格水平又取决于生产要素的实际保有量，即经济学上的要素禀赋。劳动力丰富的国家可以获取相对廉价的劳动力，资源丰富的国家可以筹措到相对廉价的资源。李嘉图认为，通过贸易各国应该强化本国擅长的领域，这一学说即为比较优势理论。

李嘉图的比较优势理论发展了亚当·斯密的绝对优势理论，因而更具普遍意义。它回答了亚当·斯密无法解决的问题，即不论该国的生产条件和生产要素情况如何，都能找到各自的相对优势；即使所有条件都处于劣势地位，也能在其中发现劣势中的优势。但是，正如俄林曾做过的评论："比较优势理论只能适用于特殊情况，运用于一般介绍，在一些重要方面来阐明贸易的特征。"

（3）约翰·穆勒的相互需求论

相互需求论又被称为"国际方程式"，是英国经济学家对产业的国际分工以及商品的国际贸易行为进行的论述，该理论以商品的需求以及要素的交换为研究切入点。穆勒认为，不同国家之间的商品交换，其实际交换（贸易）商品数量的比例与双方对商品的实际需求是直接相关的，并且最终会稳定在各国出口的商品正好可以抵偿进口商品数量的水平上。

穆勒的相互需求理论是对李嘉图比较成本论的发展和补充，比较成本论关注的焦点是一个国家在国际上的分工和贸易以及由此所带来的收益。

但同时有两个问题没有展开准确的分析：贸易给双方带来的收益有多大？分工过程中双方以何种比例占有资源？这两点恰恰是相互需求理论的重要内容，所以说相互需求理论是对比较优势理论的发展和补充。穆勒将贸易中的出口看作是“供给”，而将进口看作“需求”，所以贸易以及分工的双方互为需求方也互为供给方。根据经济学基本理论，交换过程中商品的最终价格是由供求关系决定，以达到供求的均衡状态。所以，穆勒认为：“商品的国际交换比率就是由两国的相互需求决定的，并且最终确定在贸易双方对于商品的需求相等的水平上。”

（4）赫克歇尔－俄林的资源禀赋理论

资源禀赋论是指由于各国的地理位置、气候条件、自然资源蕴藏等方面的不同所导致的各国专门从事不同生产部门的格局。各国自然资源禀赋不同基础上的国际分工主要有四个方面的原因：第一是自然资源的“有与无”产生分工，这种“有与无”决定了一些国家要生产这种产品，而另一些国家根本不能生产这种产品，只能依赖进口。第二是“多与少”产生分工，一些国家尽管蕴藏着较少的自然资源，但其需求量却很大；另一些国家尽管蕴藏量比较大，但其需求量相对比较小，这就形成一些国家要向国内生产小于国内需求的国家提供一部分资源产品。第三种原因主要是经济上的。第四是战略上的原因。自然资源禀赋论尽管直观合理，但它仅适用于解释那种建立在自然资源条件或地质、地理条件、产品生产条件下的国际分工。因此，自然资源禀赋论只能对一部分国际分工现象作出解释。

在赫克歇尔和俄林看来，现实生产中投入的生产要素不只是一种劳动力，而是多种，并且投入两种生产要素是生产过程中的基本条件。根据生产要素禀赋理论，在各国生产同一种产品的技术水平相同的情况下，两国生产同一产品的价格差别来自于产品的成本差别，这种成本差别来自于生产过程中所使用的生产要素的价格差别。而这种生产要素的价格差别则取决于各国各种生产要素的相对丰裕程度，即相对禀赋差异，由此产生的价格差异导致了国际贸易和国际分工。

2.1.3 交易成本理论

代表人物是英国经济学家罗纳德·哈里·科斯（R·H·Coase）。

交易成本理论是整个现代产权理论大厦的基础。1937年，著名经济学家罗纳德·哈里·科斯（R·H·Coase）在《企业的性质》一文中首次提出交易费用理论。该理论认为，企业和市场是两种可以相互替代的资源配置机制，由于存在有限理性、机会主义、不确定性与小数目条件使得市场交易费用高昂，为节约交易费用，企业作为代替市场的新型交易形式应运而生。交易费用决定了企业的存在，企业采取不同的组织方式最终目的也是为了节约交易费用。科斯认为交易成本是获得准确市场信息所需要的费用。交易成本由信息搜寻成本、谈判成本、缔约成本、监督履约情况的成本、可能发生的处理违约行为的成本这几个部分构成。

交易成本可分为广义的交易成本和狭义的交易成本。广义的交易成本包括一切存在交换的经济活动中所产生的费用，即为了冲破一切阻碍，达成交易所需要的有形及无形的成本。狭义的交易成本是指在商品交换过程中市场交易成本，属于外生交易成本，包括搜索费用，谈判费用以及履约费用。在科斯之后也有许多中外经济学家对交易成本的概念进行诠释，如杨小凯在新古典经济学中将交易成本分为两类：外生交易成本和内生交易成本。外生交易成本是在商品交换过程中直接或间接发生，是独立商品生产成本之外客观存在的；内生交易成本则涵盖了道德风险，逆向选择，机会成本等，是需要以概率和期望值来度量的潜在损失可能性。诺思认为，正的交易成本的存在使经济过程产生摩擦，它是影响经济绩效的关键因素。张五常认为，好的经济制度可以有效降低协调成本，即节省交易费用；不好的经济制度则会提高社会的协调成本，即增加交易费用。

2.2 区域经济一体化的相关研究

区域经济一体化自提出以来经历了多年的发展，国际上在研究区域经济一体化时按照成员的经济发展程度划分为“南南型”“南北型”和“北北型”三种。分别指的是成员国全部是发展中国家，成员国包括发达国家和发展中国家以及成员国全部是发达国家构成的区域经济一体化组织。“南南型”的优点在于能产生一定的贸易创造效应，但其同时产生的贸易转移效应会导致成员间的经济发展差距进一步扩大；“南北型”的区域经济一体化能更多地产生贸易创造效应，而贸易转移效应相对较弱，这更有利于整体经济的发展，但目前世界上此类组织数量相对较少。从中国国内区域经济发展水平来看，国内不同省份之间的区域经济一体化与国际上并不相同，因为中国的经济发展地区间差距并不像国际上那么大，而且政府在区域经济一体化过程中所发挥的调控作用也更为显著。

2.2.1 国外相关研究

经济在一国或一地区发展到一定程度，经济发展就会受到市场规模的限制。一方面，这会导致厂商不得不将产品跨区域运输到其他地区进行销售，而由于不同地区之间在商品销售过程存在这样或那样的壁垒，从而增加生产成本。另一方面，就生产过程而言，由于生产要素的稀缺性以及产业在不同区域的分布特征，导致生产过程无法实现规模经济，从而影响要素的配置效率。基于此，构建区域经济一体化发展就成为各地方政府推动经济发展的新举措，所以本文认为区域经济一体化的最终目的是推动经济增长。

区域经济一体化这一概念，最早出现在1940年的西欧地区，到1950年左右，研究跨区域贸易行为的经济学家明确定义了该名词，即：“国家间通过协定进行经济整合，并据此明确某些协调机制来消除贸易障碍。”

（Baldwin，1995）[16]对于区域经济一体化的研究，早期学者从贸易的角度展开，最初的研究大多围绕国家之间的关税同盟问题。查德·利普塞（Riehard Lipsey，1969）[17]在研究关税同盟问题时就区域经济一体化给成员所能带来的经济效应划分为五个方面：第一是成员间的要素禀赋差异，并在区域经济一体化过程中产生专业化分工；第二是消费市场扩大而引致生产规模的扩大，从而产生规模经济效应；第三是由于区域内成员间通过协商、沟通、调节而制定相应的贸易协定，从而带来贸易条件的变化；第四是市场扩大引致的竞争增加，技术交流以及人才流动，从而推动整个区域的生产效率提高；第五是生产效率的提高、产业分工的成熟以及对外技术优势所带来的经济增长效应。到1990年，区域经济一体化进入高速发展的阶段，关于这方面的研究逐渐延伸至市场一体化、政策导向、产业组织、经济地理学以及新经济增长理论等方面，近年来也有从博弈和寻租的角度开展相关研究。在研究区域经济一体化的问题时，指标体系一直是科学研究的关键。Naughton选择使用投入产出表中的贸易流量数据来测算中国区域经济一体化的程度，他认为区域内不同省市间货物运输的周转量是衡量该区域内经济一体化发展的重要指标。Kumar（1994）[18]则认为劳动力是经济生产过程中最重要的要素，所以他采用区域内不同城市间劳动力的流动量来衡量区域经济一体化。Rozelleetal（1997）[19]则认为用同一种商品在不同城市之间价格的差异以及变化趋势来衡量区域经济一体化更为准确。Behrens（2004）[20]首先对交通基础设施与区域经济一体化发展进行研究，他假定一国或一地区的基础设施对该地区经济的一体化发展具有积极作用，并且通过交通基础设施网络的构建能够削弱区域间经济发展差距过大的现象。他采用交通基础设施存量及贸易流面板数据进行实证分析，结果表明那些在交通基础设施建设方便表现更优越的国家往往能通过降低贸易成本来推动跨区域的贸易流，而更高的国内以及跨国贸易流能有效地推动区域经济一体化发展。

近年来关于区域经济一体化的研究更多从经济效应的角度展开，贸易条件在此过程中占据主导地位。Burfisher（2003）[21] 指出，当一体化组织的成员间的贸易行为对全球进出口市场产生影响时，生产过程中所需要的成本将相应地变化，基于此考察贸易条件就显得非常必要，而在此过程中，区域经济一体化组织内部成员所获得的利益会对组织外的国家产生直接的影响。Winters 和 Chang（2002）[22] 对欧盟以及南方共同市场① 成员的变化所带来贸易条件效应的动态过程进行研究，发现区域一体化组织之外的国家会在出口贸易中出现价格下降的情况。与此同时，组织内成员的贸易条件也有显著的改善。

2.2.2 国内相关研究

关于区域经济一体化的研究，中国国内有许多学者将目光聚集在国家规划的城市群上。洪银兴（2011）[23] 对长三角经济一体化问题展开了详细的研究，认为："长江三角洲区域范围扩大后，产业可以顺畅地在更大范围内实现分流和空间重组，但区域空间结构逐渐呈现出多中心化趋势。"而引致原因有：①上海以外的外围地区对毗邻中心城市的技术依赖性逐渐增强，而对区域首位中心城市的技术依赖性开始下降；②由于服务业依据其交易成本定位于不同层级的中心城市，周边区域对毗邻中心城市的服务依赖性明显增强。在多中心背景下实现长三角区域经济一体化需要有新的思路，就是在上海提升为全球城市的前提下，加强不同层级城市之间的服务业的有效衔接。"长三角"一体化的实现很大程度上依赖于区域内与连接服务业相关的基础设施和机制建设，尤其是上海与各个多功能中心城市的便捷联系，在此基础上进一步提升上海对整个"长三角"经济的

---

① 南方共同市场是南美地区最大的经济一体化组织，也是世界上第一个完全由发展中国家组成的共同市场。该组织宗旨是通过有效利用资源、保护环境、协调宏观经济政策、加强经济互补，促进成员国科技进步，最终实现经济政治一体化。

服务能力和水平，以强有力的辐射服务作用强化自身的中心地位。

邹卫星（2010）[24]从制度方面作为切入点，研究了中国大陆较为成熟的长三角、珠三角以及环渤海三大较为成熟的城市群的经济一体化进程。通过理论研究和实证分析，他认为：长三角区域经济一体化自改革开放至今，经历了实践探索、停滞、重启和快速发展四个阶段；珠三角区域的经济一体化经历了萌芽、稳步发展和快速发展三个阶段；环渤海区域的经济一体化进程则经历了理论探讨、实践探索、稳步发展和快速发展四个阶段。进一步分析得出三个区域经济一体化进程差异的内在动因：起步较早，经济基础较好是长三角地区经济一体化程度较高的根本原因；政策性壁垒较少（珠三角大多数城市集中在广东一省）是珠三角区域经济一体化快速发展的有效推动力；经济的快速发展能推动区域经济一体化进程的加速。

李涛和周锐（2016）[25]对区域经济一体化的内涵进行解析，他们以关系型大数据为基础，选取企业流数据、信息流数据和交通流数据，采用关联网络和多变量分析法，测度长三角地区 30 个城市的经济一体化指标。研究发现，区域内各城市的经济一体化水平指数呈现明显的梯度格局。区域企业网络和信息网络表现为单中心特征，而交通网络则表现为上海与南京的双中心特征。区域经济一体化指数的空间分布格局呈现“核心－外围”特征，指数较高的城市与区域重大交通基础设施的分布有明显相关性。

踪家峰和李静（2006）[26]在研究环渤海地区经济一体化时发现，区域经济一体化发展的前提是交通运输基础设施的一体化。他们在梳理环渤海交通运输基础设施发展现状、存在问题并分析其中原因的基础上，提出环渤海地区基础设施一体化发展思路：①优先发展城际轨道交通和环北京地区通勤交通；②加快建设沿海港口和疏港通道；③建设北京高速铁路客运枢纽；④整合机场资源并实现空铁联运。在他们所做的研究中概括性地指出在“十二五”和“十三五”期间，环渤海地区交通运输基础设施一体化建设重点任务主要涉及城际高速铁路网、沿海港口与疏港铁路、东北过境高速公路通道、环北京城市轨道交通延伸线等。

卢杨帆（2014）[27]认为城市综合基础设施发展动态比较是衡量区域经济一体化进程的关键指标。他基于文献回顾及数源约束，构建了城市综合基础设施发展评价指标体系，包含交通运输等5个维度共12项指标，并采用全局主成分分析法取得了珠三角9市2001—2012年的实证结果，对比发现：穗、深、莞、中4市综合基础设施指数不断提高，其余5市指数不断下降；虽然经济区基础设施总体水平在过去12年间有所提升，但其内部差距呈明显扩大趋势，尤其是中心城市群指数是其他城市群的两倍有余，且三大经济圈仅有一个内部差距略有减小。城市基础设施发展日益分化的事实与珠三角一体化政策导向形成了强烈反差，折射出经济增长与人口集聚等的复杂机制，是关系到发展质量与国民幸福提升的重要课题。

区域经济一体化发展是习近平总书记经济发展思想中的重要组成部分，在新的国家战略和国家治理能力建设中占有极其重要的地位。区域经济一体化发展具有大规模的对内开放和进一步对外开放的双重含义。在一系列影响、扭曲区域一体化发展进程和发展水平的因素中，真正有可能发生系统性作用的只有政府的行政力量和行政壁垒。因此，限制地方政府参与市场竞争的功能、范围、边界和程度、破除行政壁垒是实现地区间竞相开放、推进区域经济一体化的主要措施。以实现长三角率先发展、一体化发展为例，充分发挥上海在长三角地区合作和交流中的龙头作用，要从具体的项目合作开始做起，避免在范围广泛的领域中进行抽象议论。要把企业作为推进区域经济一体化的主体，要选择合适区域经济一体化发展的产业组织形式，要把产业集群升级作为区域一体化的重要载体，要从注重产业政策转向注重竞争政策，要鼓励区域内企业的收购兼并，以及发挥上海自由贸易区在区域经济一体化中的作用。

2.3 交通基础设施与市场一体化

2.3.1 国外相关研究

西方经济学中将交通基础设施作为影响经济发展的一个重要因素也时常出现在早期的经典经济学著作中。现代微观经济学体系的奠基人——英国著名的经济学家阿尔弗雷德·马歇尔（Alfred Marshall 著，康运杰译，2007）[28]认为“每当交通工具跌价，每当相距甚远的两地之间的思想自由交流有了新的方便条件时，就会是那些决定工业地区化分布的种种因素的作用也随之发挥变化的时候”。德国经济学家阿尔弗雷德·韦伯（Alfred Weber 著，李刚剑等译，2010）[29]首次从工业区位理论的视角开展研究，他在研究中表明“给定原料地和市场的条件下，在以运输成本最小化为条件的约束下，影响工业布局的首要区位因素是交通运输，其次才是劳动力和集聚因素”。

不难看出，经典的经济学理论已经初步总结并认可了工业地理分布中交通基础设施所发挥的重要作用。不仅如此，这一理论已经被后来的学者用统计学的方法进行了充分验证，例如黄寿峰等利用 Granger 因果检验的方法对中国的交通基础设施发展与经济增长的关系进行了检验，实证研究发现二者的互动关系呈现出非线性的状态，并且这一关系在统计上是显著的。进一步地，交通基础设施与经济增长互为 Granger 因果，这意味着二者不仅是影响对方发展的基础，也是实现二者良性互动的关键因素。关于黄寿峰的研究结果，我们认为这仅是通过已有数据验证所得的数据上的相互关联性，实际上，交通基础设施的投入主要是由政府主导，而经济增长有助于带动地方乃至中央的财税收入，进而有更多的财政支出。但是，经济增长并不完全由政府主导，其拉动力主要源于经济学上统称的“三驾马车”：消费、投资和进出口贸易。

简而言之，在中国，交通基础设施主要是政府主导行为，而经济增长是政府行为和市场行为共同作用的结果。所以，在研究交通基础设施和经济增长的问题中，应该更多的关注交通基础设施在经济增长中所扮演的角色，以及二者关系和作用机理，而不是简单地验证两者之间的统计相关性。

近年来，关于中国国内市场的分割情况研究得到了一定程度的发展，相对一致的观点是中国国内商品市场分割在逐步减弱。Naughton（1999）[30]对中国国内市场分割开展了专题研究，他采用了贸易流量数据来作为市场分割的代理，因为他们认为地区间贸易量的变化是地区间市场一体化进程的直观外在表现。在他的研究中，通过对中国大陆省级贸易数据进行建模，选取中国大陆省际工业制成品的跨省贸易流量，在不同的时间节点进行对比，结果表明省际贸易流在1987–1992年间保持不间断的增长，并且工业制成品的贸易主要由制造业内部不同行业之间的交易构成，而中国工业制成品市场一体化的进程与全品类市场一体化的深化过程在协调发展。一年后Alwyn Young（2000）[31]也对中国市场一体化问题展开了研究，但他的研究切入点是政府在市场一体化进程中的角色，他认为中国各地的政府为了维护本地的利益，在制定相关政策时不遵循经济学中的资源配置规律。这一现象在中国历史上就是存在的，而改革开放后，各地方政府更是通过人为的设置壁垒，导致地方间的经济交流进一步扭曲。由此，Young认为中国的改革并不能有效地推动国内市场一体化，反而由于增加各地方政府的自主权而加剧区域间市场分割的情况。在对中国市场上各地区生产总值以及各产业进行分析时，Young发现中国各地的国民经济结构和制造业产出结构之间表现出一定的收敛，而地区间工业制成品、农业产业以及劳动力工资却存在时间序列上分割趋势加剧的趋势。通过这两个事实，Young认为中国区域市场一体化非但没有往前推进，反而分割状况在持续加剧。

尽管 Naughton 和 Young 的研究都是基于事实数据进行的论证，然而由于中国特殊的发展阶段，在上世纪末通过贸易流量来研究中国的市场分割情况并不完全准确。因为中国自 1978 年邓小平提出改革开放以来，最早是在 1985 年的“巴山会议”① 开始关注经济管理体制改革的问题，而直到 1993 年中国共产党的“十四大”才明确提出社会主义市场经济的改革目标。所以 Naughton 和 Young 分别在 1999 年和 2000 年研究中国市场分割的问题，在中国市场化进程刚刚起步的阶段，基础设施存量以及市场化政策都不完善，尤其是通过贸易数据来试图验证相关假设，在不同的研究背景下，其所得结论势必与当下有较大偏差。这也是本文选取时间段定位为为 21 世纪以后的十六年的原因。

2.3.2 国内相关研究

对于影响市场分割的前因变量的研究，国内外学者们也从不同的角度展开了讨论，相关的研究主要是把工业地理分布与交通基础设施纳入影响因素。在此基础上，还可以进一步地细分为三类：第一类是从地方政府的角度切入，第二类是从地区间关系的角度切入，第三类则是从市场本身的角度切入。第一类相关的研究中具有代表性的有：刘小勇和李真（2008）[32] 指出财政分权对国内市场一体化进程的影响是一个必须从实证出发才能解决的问题。他们利用省际面板数据检验财政分权、经济分权、对外开放、FDI、相对财富、政府相对规模以及地理距离等对市场分割程度的影响，研究发现财政分权、政府相对规模加剧了市场分割，而经济分权及相对财富的提高则降低了市场分割，这在一定程度上能够促进市场一体化进程。进一步地，陈刚和李树（2012）[33] 认为中国“向地方分权的权威制

① 1985 年 9 月，由中国经济体制改革研究会、中国社会科学院和世界银行联合举办的“宏观经济管理国际研讨会”，就宏观经济管理问题和中国经济改革过程中碰到的许多重要问题，展开了深入的讨论，从此展开对中国宏观经济管理问题的系统研究和讨论，并有效地推进了中国宏观经济管理改革。

度”促使地方政府之间存在着以邻为壑的增长竞争，造成了严重的地方市场分割。从理论上讲，推动中央向地方政府释放更多司法上的自主权，能够有效的突破由地方政府设置壁垒而造成的市场分割，与此同时也并不会影响当前已经长期存在的财税政策自由，更不会因此影响对地方经济发展的激励效应，并促使地方政府做出保护私人财产和契约自由的可信承诺，同时能够为地方经济的持续增长提供长效动力。研究中开创性地以2008年中国各省高院院长异地交流作为刻画地方司法独立性提升的一次自然实验，计量实证研究后发现地方司法独立性的提升不仅显著而且可观地降低了地方市场间的分割程度，与此同时也显著地促进了统计期内的经济增长。中国的市场经济是在政府指导下进行的，所以，刘小勇和陈刚的研究把地方政府作为切入点具有很强的现实价值，其研究结论有相互融合的地方。无论是财税政策还是司法的独立性，都可以归结到是政策的开放度产生的有利影响，而且都进一步证明了政策开放度对市场分割产生的显著性影响结果。基于此，本文在研究交通基础设施对市场一体化的影响时，将衡量地方政策开放度的指标纳入研究的变量指标体系，为了突出本研究所讨论核心问题并且为了能够加以区分，决定将其用作控制变量，以求更准确的评估交通基础设施对市场分割的弱化效应。

第二类相关的研究中具有代表性的研究如杜琦寒等（2006）[34]在对测量市场分割的三种常见方法——即生产法、贸易法和价格法进行综合考虑与优劣点对比分析之后，选择使用价格法对中国省级市场分割情况进行计算，发现中国国内各省市间的商品市场趋于整合。在一定程度上为后来的中国学者研究市场分割奠定了基础。这一方法也被多数研究所认可，所以本文在测量市场分割时也采取价格法。无独有偶，金煜等（2006）[35]根据新经济地理学中关于市场一体化的分析框架，采用了1987–2001年中国大陆31个省市的省际面板数据研究中国工业产业在空间上产生集聚的原因。他们通过实证研究与分析发现经济开放政策、城市化程度、市场经济政策以及基础设施对工业集聚都有直接的促进作用，而且这种影响在沿海地区表现得尤为明显。在近几年的文献中，比较典型的是陈宇峰和叶志鹏（2014）[36]基于相对价格法构造出了用于度量省际间农产品市场分割的测算指标，考察了国内农产品流通市场分割程度的演变趋势，并利用1996–2011年的省级面板数据分析了决定农产品市场一体化进程的相关影响因素。研究发现，地方保护主义和区域行政壁垒是加剧农产品市场分割的重要原因，而以高速公路收费为代表的行政事业性收费则进一步加剧了区域壁垒。但是，铁路基础设施建设能显著地促进农产品市场整合。该研究还进一步检验了商贸流通业发展、经济开放度以及国际金融危机冲击等因素对农产品市场分割的影响。关于高速公路收费加剧区域壁垒这一点，本文认为荣朝和（2011）[37]的观点更加符合实际，他通过研究经济行为中的交通 – 物流的时间价值来考察交通运输中时间价值的货币替代性，指出交通物流中时间损失所带来的货币损失甚至与空间距离一样重要。这也是为什么在免费公路（主要是国省干道）如此便利且路况良好的情况下仍有大量的客货运车辆依然选择从收费高速公路出行的原因。另外，降低甚至免除高速公路的事业性收费是否会导致通行效率降低也是值得深入思考的一个方面。考虑到长途客运几乎全部通过收费高速出行，而货运则根据自身物流成本选择收费高速和免费国省干道，所以，本文将把长途客货运的特点充分纳入分析，从而有针对性地提出交通基础设施，特别是高速公路与国省干道的准确性规划意见。

第三类相关的研究中具有代表性的研究有陆铭和陈钊（2002）[38]，他们将影响市场分割的因素分解为两大方面，一种是技术性因素，包括交通成本和信息成本。对此，杨小凯（2004）[39]认为交通运输成本是交易成本的主要构成。在中国范围内，市场交易的这两项成本目前看来是持续下降的，并且有利于市场的整合。另一种是制度性因素，如财税制度一类的地方性贸易保护壁垒，显然这类因素一定程度上会导致市场分割问题的加剧。在此基础上，陆铭和陈钊调查了实际情况并试图予以证明，但遗憾的是没有进行科学的量化，也没有构建与之相匹配的数学模型进行验证。而黄新飞等（2014）[40]选取了2011年5月至2014年5月长三角15个城市224个市场37种农产品的161个周度价格及其成本数据，在一价定律的框架内重新考虑地区间市场分割情况，运用断点回归方法对省际边界和价格差异的关系进行实证研究。结果表明：①价差变动来源于成本差异和利润差异的变动，此时跨边界市场分割程度更大；②在控制了当地市场供给和需求特征后，长三角地区省际边界效应显著存在。但是，由于跨边界农产品零售市场的分割程度比较大，其研究所估计的边界效应值只能反映真实边界效应分布的下界。农产品要求保鲜的特殊性质，其对运输条件的要求（例如储存环境、物流包装、装卸操作）更为苛刻，自1995年起，国家在部分收费站设立鲜活农产品运输专用通道口，对于整车符合相关规定合法运输鲜活农产品车辆给予“不扣车、不卸载、不罚款”和减免高速公路通行费用的优惠政策。而到2010年12月1日，国务院再次发文中将农产品绿色通道政策扩大到全国所有收费公路，也进一步扩大了减免品种的范围。① 农产品同时又具有跨地区运输主要以短途运输为主的特征，所以在考虑农产品市场分割中，公路货物运输效率将被看作是影响价差的主要来源因素。

相关的研究还有范欣（2017）[41]等。他们基于新经济地理学理论，利用1993–2012年中国省际面板数据，采用空间面板杜宾模型对基础设施建设与市场分割的关系进行实证研究，发现“以邻为壑”现象在中国仍长期存在。基础设施建设作为打破市场分割的物质基础，可以为政府加强基础设施建设提供理论支撑。并且基础设施建设的空间溢出效应并不是一成

① 具体办法参见《关于进一步促进蔬菜生产保障市场供应和价格基本稳定的通知》（国发［2010］26号），《关于稳定消费价格总水平保障群众基本生活的通知》（国发［2010］40号），农产品运输主要包括新鲜蔬菜、水果、鲜活水产品，活的畜禽，新鲜的肉、蛋、奶等。

不变的，而是存在阶段性的差异，不同区域与不同时间段内市场分割的策略性行为也并非一致。由此建议政府应加强基础设施建设，缩小基础设施建设的区域差异。与此同时，加强作为投资主体的政府能有效的开展跨区域协作，削弱地理界限对市场的不利影响，而市场在资源配置中所起到的决定性作用也不应忽视。事实上，成本差异是市场分割的主要来源，而无论是原材料还是最终商品，运输费用都是成本的主要组成部分，特别是在线上购物发达的当下，运输成本甚至成为很多最终产品价差的唯一来源。而交通基础设施在资源配置中所具备的较强的网络属性，导致交通基础设施可能会使当地的经济活动转移到其他地区。一方面，它可以将不同区域的经济生产活动连成一个整体，由于扩散效应，使经济增长较快的区域通过上下游产业的扩散带动增长较慢区域的经济发展，从而表现出正向的空间溢出效应。但与此同时交通基础设施也有可能存在负的空间溢出作用，最典型的是由于聚集效应的存在，使生产要素以及先进人才由经济相对落后地区向经济发达地区流动也更为便利，这样某一地区的经济发展就可能反过来使相邻地区的发展受到限制。

2.4 交通基础设施与产业一体化

区域产业一体化，就是区域范围内不同地理位置的省市在原来独立的产业布局中根据区域要素及各地产业优势而统一规划，协调发展从而达到生产效率最大化的过程。区域产业一体化包含区域内的产业分工和产业间的协作，由此将整个区域作为一个整体，从而实现共赢。产业一体化的核心问题是区域内的产业结构，作为区域经济一体化中的生产过程，产业一体化主要表现在产业分工和产业关联两个方面。交通基础设施通过降低产品运输和劳动力流动的成本，推动区域内产业的扩散、转移，最终实现分工、协作的完整的产业链结构。由此我们对国内外关于产业分工以及产业关联的相关文献进行梳理，从而为本文研究区域产业一体化问题提供参考和借鉴。

2.4.1 国外相关研究

格鲁贝尔和劳埃德（Grubel&Lloyd，1975）[42]对各产业跨区域贸易行为进行理论探索。他们通过研究产业内的贸易行为发现，不管最终产品之间是同质的还是非同质的，由于种种原因，地区之间都会存在贸易。而影响产业内贸易的因素包括“生产过程的规模经济、商品跨区域运输的成本、转口贸易和季节性贸易、消费者偏好的不同以及政府对商品流通的干预”，他们关于商品非同质以及生产过程规模经济的研究为产业内贸易行为的后续研究奠定了理论基础。自美国经济学家克鲁格曼（Paul R. Krugman，1991）[43]起，越来越多的经济学家围绕产品非同质性以及生产过程的规模经济展开研究，并基于此构建了产业内商品贸易的均衡模型。其后结合一般均衡理论引入商品的差异性因素，并据此对产业内商品贸易行为进行深入研究，并根据商品的差异性将产业内商品贸易分为垂直差异性商品和水平差异性商品。布兰德和克鲁格曼（1995）[44]对产业内贸易行为的进一步研究认为：即使商品生产过程中不存在成本差异，产地之间不存在要素禀赋的不同且消费者对于同质商品的偏好不存在差异性，产业内的商品也会由于不同企业之间营销策略的不同而存在产业内贸易的行为。此后，新张伯伦垄断竞争模型和新侯泰宁垄断竞争模型提出了水平差异产品的产业内贸易理论。他们在克鲁贝尔和劳埃德的理论基础上进一步研究，认为“如果存在规模经济、产品差异、不完全竞争的市场结构和消费需求的多元化，两个国家即使要素禀赋相同也会发生产业内贸易”。兰卡斯特（Lancaster，K.，1977）[45]提出的“新侯泰宁垄断竞争模型”进一步加入技术相似的因素。认为具有相同特点的两个国家之间，规模经济和产品的水平差异可以导致产业内贸易的发生。福尔威和凯科斯基关于产业内贸易研究的新 H–O 模型表明，即便市场结构不是完全竞争的，商品生产过程中也不存在规模经济，产业内贸易也会由于产品之间存在垂直性差异而发生（Martin，1998）[46]。在新 H–O 模型中，商品的贸易依赖于要素禀赋、技术和收入分配情况对不同国家的相对影响。萨克特和萨顿构建了自然寡头垄断模型，研究自然寡头垄断条件下垂直差异产品内贸易发生的原因，以及贸易开放对各国的短期影响和长期影响（Jaffrey，1996）[47]。关于产业分工协作中交通基础设施的作用，希尔（Hill.P，1977）[48]通过对服务业企业的联合生产以提高边际产出为切入点来展开研究。他认为城市内部企业的联合生产行为能带来更高的效率，跨区域的分工协作时由于交通运输成本的存在，使得服务和商品的贸易成本大大增加，从而对集聚效应的发展产生较大的限制。因此，更为完善的交通基础设施可以有效增加劳动力的运输效率，降低运输成本，从而通过产业分工和集聚效应经济来提升各产业的生产效率。

对产业内贸易进行的理论进行研究的同时，很多学者结合国家或地区之间的贸易数据对产业内贸易的行为展开进一步研究。沃顿（Wharton，2001）[49]根据联合国《国际贸易分类标准》，通过对 121 种商品双边贸易量进行研究发现“集团内贸易的生产专业化形成于同种贸易类型中”。迈凯利（Michal Michaely，2007）[50]在研究商品贸易的过程中，用净出口比重来作为衡量一国产品比较优势的指数，并据此测算各国贸易结构，结果表明高收入国家的贸易过程中商品结构趋同。日本经济学家小岛清（Kiyoshi Kojima，2006）[51]对亚洲经济发展过程中的分工行为进行研究，他运用雁行理论以及国际分工理论来解释亚种国家之间的产业贸易行为。他认为首次用协议性国际分工理论解释产业内贸易的发展，并对某一国家内产业转移以及不同产业兴衰过程展开研究。弗里曼（Freeman，2004）[52]对于美国科学家的合作行为进行研究，结果表明一国内部不同城市以及国家之间科研人员的合作研究现在呈现出逐年增加的趋势，而交通运输和通信技术的发展能有效降低合作的成本。交通基础设施的完善还能够通过人员流动来推广研究成果，从而实现专业化程度更高的服务的跨区域流动，由此带来的差异化生产和专业化分工能有效提升劳动生产效率。

亚洲学者对于产业内贸易以及由此产生的产业分工进行研究则较西方国家要迟得多，他们的研究也更多的集中在产业内贸易以及由此产生的产业分工的影响因素方面。随着亚洲以及中国经济的崛起，关于发展中国家之间以及发展中国家和发达国家之间的产业分工研究越来越丰富。吉池和石田等（Yoshiike and Ishida etc.，1998）[53]通过对东亚地区产业内贸易问题的研究发现，垂直差异商品的贸易行为是促进东亚各国之间以及国家内部产业分工的主要形式。石川等（2003）[54]通过将国际投资引入到产业内贸易理论模型中，对垂直差异商品贸易问题展开研究，结果表明跨国公司直接投资（Foreign Direct Investment，FDI）是促进发展中国家与发达国家之间产业内贸易形成与发展的重要因素，并指出 FDI 对东亚产业内贸易的增长具有重要作用。维瑞马尼（A Veeramani，2004）[55]对印度与亚洲各发展中国家以及发达国家之间的产业内贸易行为进行研究，通过经验分析指出影响跨地区产业内贸易行为的主要因素有“产品的垂直差异性、生产过程的规模经济、产业空间分布的集聚性和国家之间贸易壁垒情况”。塔肯（Yogo.M，2002）[56]则对土耳其与经合组织①成员国之间的产业内贸易行为进行研究，得出了影响产业分工的因素有规模经济、要素禀赋以及产业集中等。

2.4.2 国内相关研究

国内学者直到 20 世纪 90 年代才对产业内贸易以及产业分工行为展开

① 经济合作与发展组织（Organisation for Economic Co-operation and Development），简称经合组织（OECD），是全球 30 个市场经济国家组成的政府间国际经济合作组织，其宗旨为：帮助各成员国家的政府实现可持续性经济增长和就业，成员国生活水准上升，同时保持金融稳定，从而为世界经济发展作出贡献。

研究，主要分为三个方向：即产业内贸易理论研究、中美之间的产业内贸易行为和国际分工以及产品内国际分工。关于中国内部各地区或省市间的产业内贸易以及分工的研究则成为空白。

20 世纪 90 年代以来，随着科学技术，特别是信息技术的迅猛发展，经济全球化进入了一个新阶段，当代国际分工出现了一些新的发展趋势。一是分工形式多样化。随着生产力的进步和社会分工的逐步深化，当代国际分工出现了一些新的分工形式，其中最突出、最典型的现象是，国际分工从产业间分工发展到产业内的分工，甚至发展到产品内分工（袁奇，2006）[57]。产业内分工的研究主要通过产业内贸易的研究来分析不同国家或地区之间的分工特点。产业内贸易是国际商品交换的一种形式，其基本含义是一个国家或地区在一段时间内（通常指一年），同一产业部门内的产品既有进口又存在出口的现象（章立群，2010）[58]。

国际分工按不同的分类方法有不同的形式。如果按参加国际分工的国家的自然资源和原材料供应、生产技术水平和工业发展情况差异来分类，可划分为三种不同类型的国际分工形式：即垂直型国际分工、水平型国际分工和混合型国际分工。如果按分工是在产业间还是在产业内部，可分为两种形式，即产业间的国际分工和产业内的国际分工。在产业内按价值链增值环节进行分工是国际分工当前呈现出的新特点，是对原有的国际分工体系的扩展。

国内对制成品产业内贸易的研究始于 20 世纪 90 年代，伴随着产业内贸易在中国国际贸易中地位的提升而逐渐深入。陈迅等（2004）[59]以国际分类标准 SITC 两位数编码（对应为中国的 16 个制造行业）的 1999-2001 年进出口数据为基础，计算中国制造行业的产业内贸易水平，并对产业内贸易、水平差异产品产业内贸易和垂直差异产品产业内贸易的影响因素进行实证分析。廖长友（2004）[60]通过对中国制造业产业内贸易的分析，认为技术进步对中国制造业产业内贸易水平没有显著影响。平新乔

（2005）[61]对垂直专门化、产业内贸易和中美贸易关系进行了研究。梅丽（2005）[62]指出中国制成品贸易模式正从传统的产业间贸易为主转向以产业内贸易为主，而且这一趋势正在不断加强，并指出经济发展水平和产品差异性对制成品产业内贸易的发展具有正面影响。地理距离、市场结构和外国直接投资对制成品产业内贸易的发展具有负面影响，人均收入水平差距和规模经济对中国制成品产业内贸易发展的影响作用很小。佟家栋和刘钧霆（2006）[63]基于边际产业内贸易分析，对1992–2003年间中、日、韩制造业贸易的调整成本进行经验研究。认为中日制造业贸易调整成本低于中韩制造业贸易调整成本，但是中韩制造业贸易调整成本在1998年后趋于下降，而中日的情况则相反。李永发（2006）[64]基于东盟秘书处网站数据，分析了东盟与中国、美国、印度三国双边产业内贸易情况，认为东盟与中国的产业内贸易水平提高幅度相对比较大，而与美国、印度产业内贸易水平变化不大。杜莉（2006）[65]认为中美高技术产业内贸易处于较低水平，而并非如一些学者所认为的中美贸易结构互补性的内涵已经发生了实质性的改变。乔宇宏（2007）[66]对中日制成品贸易结构、贸易竞争力以及制成品产业内贸易现状进行了实证分析，研究表明，中国对日出口虽仍以劳动密集型产品为主，但资本或技术密集型制成品的出口已实现了大幅度增长，并且资本或技术密集型制成品的出口竞争力指数不断提高，中日制成品产业内贸易正在逐渐上升。江雪梅（2008）[67]从中国加入WTO前后中欧制成品产业内贸易指数的发展变化入手，通过对产业内贸易发展按产业和增长贡献的对比分析。认为中国加入WTO以来，中欧制成品贸易取得了突飞猛进的发展，总体上看中欧制成品产业内贸易指数有所上升，但2004年后出现下降，主要是由于资本或技术密集型的机械与运输设备产品的产业内贸易指数下降所引起的。

从传统国际分工理论创立至今的一个多世纪以来，国际分工已经经历了由根据要素禀赋的跨产业分工到同一种产业内部的跨区域分工，并进一步发展到企业产品生产环节分工的历程。传统国际分工的概念已经无法完整全面地反映当代国际分工的全部内容，国际分工的动力也不再仅限于自然要素的禀赋差异。关于产品内分工以及其相关理论和内涵有多种解读，经历多次变迁后比较为业界所认可的是：产品内分工既不像产业间分工那样分属不同的产业类型，也不像产业内分工那样分属于产业的上下游多个阶段，而是将原本完整的产品在企业内部的生产过程，处于提高效率的要求而划分为多个相互独立的部件生产，并将每一个部件的生产工序交由不同的地区或国家来实现（赵永亮，2008）[68]。而根据产品不同工序生产地的差异通常可以将产品内分工划分为一国产品内分工和产品内跨国性国际分工。另外，业界关于产品内分工还从业务分割情况划分为两种——将原本由一个企业独立完成的生产过程分割为多个过程并跨地区转移的“零散化分工”以及将原本自己完成的生产过程转交给异地或异国第三方企业生产的“外包分工”。当然关于产品内分工概念界定的前提是对产品进行解释，长期以来，中外学者根据产品的用途将其分为最终产品和中间产品，最终产品是最终流到消费者手中被直接使用或消耗的商品，中间产品则是经由一个企业的生产过程后无法直接提供给消费者，而是作为进一步生产的原材料存在的。虽然两者的最终用途不一样，但对于我们理解产品内分工能提供明确的解释，即：产品内分工通俗的讲就是贸易中的中间产品交易的过程（余雪峰，2007）[69]。

当前国际上学者们在开展产品内分工的相关研究时主要分为三个方向：产品内分工的分工基础，产品内分工与贸易模式，产品内分工与贸易利益（张莹，2006）[70]。但由于各国经济发展的阶段，国内市场大小以及国内产业结构布局的差异，导致有关产业内分工的研究文献较为丰富且内容多样，并未形成一个相对统一的研究体系。但研究出发点大多是从技术差异和贸易壁垒两个角度展开——前者认为国家或者地区间技术积累的差异导致产品生产过程在地区间分工，而后者则是从跨地区贸易的角度展开，认为政府间处于保护本国经济所设置的贸易壁垒是产品内分工的推动力。本文的研究更倾向于前者，因为本文研究中国国内的产业分工过程，包括产业内以及产品内分工，而国内不同省市间并没有非常显著的贸易壁垒，但却存在显著的技术储备差异。由此我们认为造成中国国内产品生产分工的首要原因是地区间的技术差异，而交通基础设施的改善能为产品分工后的中间产品流动提供基础，所以我们假定交通基础设施的改善有利于产业分工，提高产品生产效率从而推动经济持续发展。

大量学者在研究中美两国产业分工的时候是通过产业内贸易或产品内分工贸易的角度来展开的。刘晓玲（2006）[71]采用中美双面贸易的面板数据测算中国对美国工业制成品的产业内贸易值并进一步测算出两国间的产业内贸易指数，并以此来对中美之间工业制成品贸易活动的影响因素。通过实证分析结果，他认为中美在工业制成品领域存在结构上的互补性，彼此影响着对方的相关产业分工过程。蒲华林和张捷（2007）[72]从产品内分工的角度对中美结构性贸易顺差产生的原因进行了分析。认为持续的中美贸易顺差源于多方面的因素，而对此影响最重的是美国以及亚洲个国家的产业升级和中美、中欧以及中国与东亚各国之间的产业转移，尤其是以产品初加工为代表的劳动密集型产业在中国与其他国家之间的跨国转移而导致产业的分工以及贸易行为。莫莎、黄锐（2009）[73]等以 1987–2006 年中国在国际分工中所承担的角色变化为视角，计算了 20 年间中国与美国之间在加工贸易和中间产品贸易的变化水平，通过对比发现，在这 20 年间，中美之间的贸易结构有明显的改善且中美产业分工格局显著优化进而带动两国的产业内贸易水平的提高。同时，文章基于产品内国际分工研究了影响中美产业内贸易的因素，结果表明，产品内国际分工对中美高、中等技术行业及总体产业内贸易水平具有明显的促进作用。因此，进一步提高我国在国际分工中的地位对提升中美产业内贸易水平具有重大意义。高翔等（2015）[74]运用中国县级行政单位之间的高速公路和服务业企业数据，通过构建实证模型来研究交通基础设施对服务业企业生产效率的作用。研究结果表明，由于近年来中国交通基础设施网络日趋成熟，劳动力运输效率有明显的提升，进而推动服务业分工水平的提高，由此显著的提升了中国大陆各省市服务业企业的劳动生产率。

张学良（2018）[75]在研究长三角地区产业一体化问题时，对长三角地区一体化发展的内涵、发展路径以及形成机制进行系统的分析。结果表明：区域内有效的产业分工和产业协作是一体化能够快速发展的基础，产业链成熟度和区域产业结构是产业一体化发展表现形式。周叔莲和王伟光（2001）[76]对中国产业结构升级中可以创新的作用展开研究，他们认为创新是中国未来产业结构升级的动力源泉，企业是创新成果的应用主题，政府应该通过政策指导和教育投入来为技术创新提供人才，而中国产业结构的合理化又能提升科技创新空间溢出效应。

2.5 交通基础设施与区域经济

在将交通基础设施作为影响经济发展的一个要素也较为广泛的出现在早期的西方经济学著作中，其中影响比较深远的有马歇尔、熊彼特以及刘易斯等。著名经济学家韦伯（Alfred Weber，陈志人译，2010）[77]在研究工业区位问题时曾有过这样的表述："给定原料地和市场的条件下，在以运输成本最小化为条件的约束下，影响工业布局的首要区位因素是交通运输，其次才是劳动力和集聚因素"。马歇尔也关注过此问题从韦伯的论述中，我们可以看出早期欧美经济学家就已经意识到交通基础设施在工业空间分布上的额作用，并据此展开研究。

熊彼特（Joseph Alois Schumpeter，张英宝译，2004）[78]在研究经济学问题时提出了"铁路经济学"这一概念，他认为经济学家们可以采用经济学的基本理论和研究方法来对铁路或其他交通基础设施展开研究。他在研究经济活动中铁路的作用时曾有过论述："任何像样的成本和价格理论，都应该能够对铁路经济学作出有价值的贡献，而作为回报，铁路经济学则应该能够为一般经济理论提供令人感兴趣的特殊模式与问题"。

Hall,R.A. 沿用 Lewis 的方法（2005）[79] 从发展经济学的角度对交通基础设施和经济发展之间的关系展开研究，在研究中他认为交通基础设施的规划、实施以及维护都是由政府主导的，政府能否在交通基础设施规划中更多的考虑经济发展是他的评价标准。因此他的著作中有这样的观点："在大部分国家的历史上，好的统治者往往由于他们把精力用在扩展道路顺通方面而扬名，而差的统治者则因为他们主政期间道路情况恶劣而声名狼藉"。

在 20 世纪 90 年代之前，中外经济学家在研究交通基础设施在社会经济活动中的作用时，往往通过经济学基本理论展开研究，而并没有构建模型并通过实证分析加以印证。直到 1990 年，随着相关研究理论的丰富，交通运输经济这一领域的研究开始进入定量研究的阶段。在研究区域经济一体化发展的问题中，国外学者们首先将交通基础设施纳入前置因素，他们比较一致的观点是加强地区间的交通网络建设能够降低商品跨区域流动的成本，提高生产要素跨区域流动的效率，交通基础设施完善带来的区域经济一体化发展有利于扩大市场规模，同时推动产业在区域内的分工（谢泼德著，刘卫东等译，2005）[80]。Canning,D. 和 Fay（1999）[81] 对交通基础设施的建设投入和由此带来的产出展开了研究，他们用交通基础设施的建设成本以及国民经济的产出来测算要素的回报率，结果表明，不同国家交通基础设施的投资回报率之间存在较大差距，进一步分析发现工业化程度较高的国家交通基础设施的投资回报率要显著高于那些工业化程度较低的国家，发达国家的回报率要显著高于发展中国家。

另外，也有学者从产业空间分布的角度来展开研究。认为不管是制造业还是服务业亦或者农业的发展都离不开交通基础设施，各个区域内产业的结构变化、支柱产业的发展以及地区间的产业分工都受到交通基础设施的影响。Daniel 和 Mulley（2014）[82]以澳大利亚的悉尼作为研究对象，通过实证分析验证了交通基础设施在悉尼制造业空间集聚过程中的作用。而Yana（2009）[83]则研究了韩国首尔地区交通基础设施与产业空间布局的关系，他对首尔地区的所有产业分布进行研究，结果发现文化娱乐业、金融业以及电子电器制造业分布在首尔地区的中心位置，而以农业和重工业为代表的传统资源和劳动密集型产业则更多的分布在外围地区，他认为这是由于“首尔地区中心区域交通网络丰富，而边缘地区则交通基础设施相对稀疏”导致的。

国外学者在研究交通基础设施和区域经济发展的时候，大多从区域经济增长、产业布局以及一体化中的区域产业结构角度展开。究其原因是发达国家与中国相比，经济发展程度要高得多，所以，中国学者在研究交通基础设施和区域经济发展时更多的是从经济增长的角度展开。比较有代表性的有刘军和徐康宁（2010）[84]的研究，他们将区域经济一体化中交通基础设施的作用机制作为研究问题，构建了区域经济一体化的引力方程模型，并将交通基础设施作为解释变量引入。通过对 2008 年中国大陆省际货运数据进行实证分析，他们发现中国省际的贸易边界效应值与发达国家之间并没有显著差异，并且中国的交通基础设施能增加跨地区的贸易量，同时还能有效的消除边界效应，从而促进区域经济一体化的发展。王雨飞（2016）[85]则对区域经济增长中交通基础设施的作用进行了研究，同时验证了交通基础设施的空间溢出效应。他采用空间计量模型分析了中国大陆的省际面板数据，并由此得出结论：①在中国，交通基础设施能对区域经济增长产生直接且显著的正向作用，但这个过程中存在非常显著的空间溢出效应；②在交通基础设施跨地区产生影响时，既存在正向溢出也会有负向溢出的现象，交通基础社会设施能对劳动力流动和公共部门资本积累产生直接影响，而这两个要素都与区域经济增长间存在较大弹性。

国内外学者在对发达国家以及发展中国家区域经济发展中交通基础设施所扮演的角色这一问题展开研究时，有一个比较一致的观点“发达的水路、陆路以及航空运输条件等，有利于某些产业在该地区形成规模化的聚集”（Poncet,S.，2013）[86]。随着交通运输技术的发展，高铁等现代化运输渠道在区域经济一体化中发挥着重要作用，高铁网络的完善有利益区域内外围地区的某些资本或技术密集型产业向中心区域集聚（Eric macron，2008）[87]。另外，完善的交通基础设施网络能带来高效的运输效率，这将对人才流动、资本流动以及科技进步外部性等方面产生显著的正向影响（Rosenthal,S.and Strange,W.，2001）[88]。张学良（2017）等[89]人对中国大陆交通基础设施与全要素生产率（TFP）之间的关系进行研究，通过构建空间计量模型并对相关数据进行运算，他们认为：①中国的交通基础设施与全要素生产率之间存在着显著的相关性，且前者对后者具有明显的正向影响；② 2000 年后，交通基础设施对 TFP 增长的带动作用占到的整体的六成，其中铁路基础设施对 TFP 具有持续性的正向影响，高速公路的贡献最大，其他交通基础设施则并没有持续的扮演着推动者的角色。同样的，他们也在研究中证实了交通基础设施空间外溢效应的存在。

第三章　理论分析

在社会化大生产中，生产要素、人才、中间产品以及最终产品的流通过程中，时间和空间的利用是区域经济效率的决定性因素。中国当前正处于工业化大发展和产业转型升级过程中，国内各地产业结构和消费结构都随之进行重大的转变，地区间的协调发展以及区域内部的经济一体化进程列入国家整体发展战略中。交通运输在中国区域经济生产中发挥着极其重要的作用，交通基础设施作为现代物流业根本，为企业生产经营效率的提升和产品销售规模的扩大提供了条件，良好的交通基础设施网络不但能降低要素和产品转移的直接运输费用，还能降低各生产部门之间分工协作时中间产品流通、技术交流以及信息传递的时间成本。因此，本文从生产领域和流通领域的视角来研究中国区域经济一体化的问题，用交通－物流成本来作为缩短“时空距离”的手段，分析交通基础设施对区域经济中生产和流通的影响。

3.1 交通—物流成本在区域经济中的作用

“人类通过交通运输活动把社会经济的时间与空间维度联系在一起”，交通－物流能够构建出经济生产经营的时空结构。本章把区域经济一体化中产品的生产过程作为研究对象，将交通－物流作为区域经济发展和产业布局的核心影响变量，来研究其对中国国内区域经济一体化发展的过程中市场规模、产业结构以及全产业链布局作用和影响机制。

3.1.1 交通 – 物流的时间价值

假定区域内包含两个区域，关于时间距离在区域经济中的价值本文参考荣朝和的计算方法，首先设定基础的时间距离计算公式：

$$T_{ab}=\frac{L_{ab}}{V_{ab}} \tag{3.1}$$

式 3.1 中 T_{ab} 即为 a，b 两地的时间距离， T_{ab} 为两地间的空间距离， V_{ab} 为商品在两地间流动的速度，即商品运输的速度。从上式中可以看出，两地间的空间距离是外生的常数，因此时间距离是由商品运输速度决定的，而商品运输的速度由运输工具（如火车、汽车、轮船和飞机）和交通基础设施两个方面决定的。在现实生活中，商品的运输的过程并不是连贯的，物流时间包括交通工具的运行时间和运输过程中的衔接时间，例如在商品物流过程中常见的收货到汽车运输，汽车运输转到火车或航空运输等。因此，物流时间距离的计算可以进一步表示为：

$$T_{ab}=T_{\text{运行}1}+T_{\text{衔接}1}+T_{\text{运行}2}+T_{\text{衔接}2}+\cdots+T_{\text{运行}n}+T_{\text{衔接}n} \tag{3.2}$$

即：

$$T_{ab}=\sum_{i=1}^{n}T_{\text{运行}}+\sum_{i=1}^{n}T_{\text{衔接}} \tag{3.3}$$

从式 3.3 的一般化时间距离计算公式中可以看出，提高物流速度不但要考虑运输工具的运行速度，还要衔接过程的效率。随着中国经济的发展，交通运输的效率在不断提高，由此带来时间距离的缩短能有效的降低物流成本，交通物流成本又能直接响企业的区位选择以及经营的空间范围。这里参考荣朝和关于时间——费用替代的等距离曲线分析方法，来研究企业在选择物流方式过程中时间和物流成本的替代问题。

在社会化大生产中，产品生产过程的各个环节往往并不是由一家厂商单独完成的，整个产业链条中的各企业往往分布在不同的地区，而在整个生产环节完成后，由于贸易行为使最终产品在不同区域之间流通。现代社会中，生产销售的各个环节都离不开物流。因此，本文将交通运输作为社会化大生产过程中的一段生产行为，交通－物流成本所包含的时间及费用都可以视为生产要素。基于此，本文通过图 3.1 来分析交通－物流成本的构成，图中横坐标 T 代表整个物流过程所花费的时间，纵坐标 C 表示货物运输（即物流过程）所需要支付的费用。假设有多种运输途径可以选择，速度快的花费较高而速度慢的花费较低，例如高速公路的通行速度远高于其他类型的公路，能大大缩短物流时间，但需要额外支付一笔“通行费”①，各厂商可以根据自己的需求进行选择。

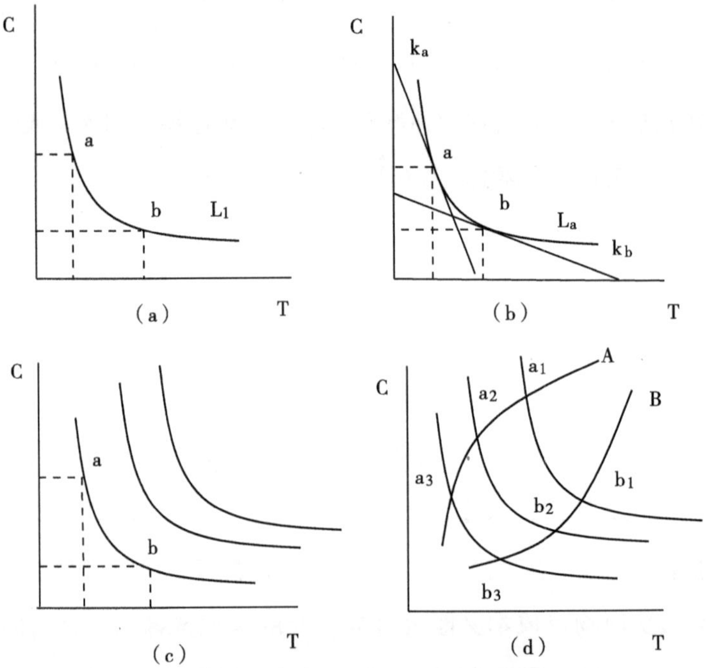

图 3.1 物流时间－费用的等距离曲线

图 3.1（a）中曲线 L 代表等距离（指两地之间的空间距离而非物流线

① 目前中国大陆二级及以下公路均取消收费，大部分国道也取消通行费，而除海南省以外的高速公路均单独收取通行费。

路的长度）曲线，是运输过程克服空间距离所消耗的时间和支付费用的所有组合点。其中L上点a耗费的运输时间较短但需要支付较高的物流费用，而点b所需要支付的物流费用较低但需要运输过程需要耗费更多的时间。图3.1（b）k_a和k_b分别代表不同空间距离所对应的等成本线，两条直线的斜率表示时间和费用的边际替代率，即在确定的空间距离下物流成本和物流时间替代关系，体现了企业在产品或要素跨区域流动中交通——物流的价值。图3.1（c）中分别代表不同空间距离下的等距离曲线，因此三条曲线是彼此不相交的，且每一条等距离曲线上都存在相应的物流成本与时间的预算线。我们将所有预算线和等距离曲线的切点a_1、a_2、a_3和b_1、b_2、b_3链接起来就构成了两条不同的交通–物流曲线，在社会化大生产中，不同的企业会根据自身的需求选择“最佳交通–物流曲线”①，而该曲线就体现了交通–物流在区域经济中的价值。

3.1.2 交通–物流成本与区域经济一体化

本章参考陆铭和范欣等在研究商品流通机制中所选择的方法，构建一个跨期分工模型，即假设一个国家包含A和B两个区域，存在m和n两个生产部门，而且整个生产过程包括t_1和t_2两个时期。该国家内A和B两个区域经济发展水平存在一定差距，不同生产部门间存在分工，假定A区域的经济发展水平要显著高于B区域，m部门生产的产品对技术水平要求较高，n部门的产品则以劳动密集型为主（即不存在“干中学”效应②）。为了更直观的分析交通–物流成本对区域经济的影响机制，我们用d_m表示高技术产品的市场需求，d_n表示初级产品的市场需求。假定B区域m和n部门的初始技术水平、技术进步率均为1，A地区m部门的初始技术水

① 本文中最佳交通——物流曲线的构成参考了经济学厂商理论中关于等产量曲线的生产扩张曲线的含义。

② “干中学”效应是指人们在生产产品与提供服务的同时也在积累经验，从经验中获得知识，从而有助于提高生产效率和知识总量的增加，知识总量的增加可使所有厂商生产效率提高。

平为 α，技术进步率为 δ，在整个产品生产过程中只有劳动力这一种投入要素，基于此，我们来研究商品存在跨区流动时的跨期分工决策行为。

为了模型更直观简洁，令效应函数为：

$$u = d_m \cdot d_n \tag{3.4}$$

如果两个区域均基于比较优势来从事生产，则产品流通就需要考虑交通－物流成本。本文采用“冰川”成本模型的假定，认为 A 地和 B 地间产品的流通时，每 1 个单位能完成最终的交易产品在运输过程中要消耗掉 d 个单位，所以 d 即为交通－物流成本。另外，区域间出于保护本地企业的角度对异地流入的产品进行征税，对 A 地区和 B 地区的征税额分别用 fr_a 和 fr_b 表示。

当产品不存在跨区域流通时，假定 n 部门的产出是规模报酬不变的，且生产过程中唯一的投入是时间，分别用 t_1 和 t_2 表示两期的时间投入，由于 n 部门不存在“干中学”效应，所以 B 地区的两时期生产函数为：

$$d_{1m} = t_1, d_{1n} = 1 - t_1, d_{2m} = (1 + t_1) \cdot t_2, d_{2n} = 1 - t_2 \tag{3.5}$$

所以 B 地区在两个时期要实现效用最大化则有：

$$maxu = u_1 + u_2 = d_{1m} \cdot d_{1n} + d_{2m} \cdot d_{2n} \tag{3.6}$$

$$s.t. \begin{cases} d_{1m} + d_{1n} = 1 \\ d_{2n} + d_{2m} / (1 + d_{1m}) = 1 \end{cases} \tag{3.7}$$

求导可得出 B 地区的产出和效用：

$$d_{1m} = \frac{5}{8}, d_{2m} = \frac{13}{16}, u_{1B} = \frac{41}{64} \tag{3.8}$$

类似的，可以计算出 A 地区的产出和效用：

$$d_{1m} = \frac{\alpha}{2}(1 + \frac{\delta}{4}), d_{2m} = \frac{\delta\alpha}{2}(\frac{3}{2} + \frac{\delta}{4}), u_{1A} = \frac{\alpha}{4}(1 + \frac{3\delta}{2} + \frac{\delta^2}{16}) \tag{3.9}$$

当产品可以跨区域流通时，根据前文关于两地区经济发展水平以及根据比较优势进行生产的假设。为了简化生产过程，我们可以认为 A 地区仅存在 m 部门生产高技术产品，B 地区仅存在 n 部门生产初级产品，B 地区的产品价格为 1，A 地区的产品价格为 P（P>1），所以 B 地区在两个时期要实现效用最大化则有：

$$\max u = u_1 + u_2 = d_{1m} \cdot d_{1n} + d_{2m} \cdot d_{2n} \tag{3.10}$$

$$s.t.\begin{cases} d_{1m} + d_b P c_{1n} = 1 - fr_b \\ d_{2m} + d\left(fr_b\right) P c_{2n} = 1 \end{cases} \tag{3.11}$$

对 B 地区的效用函数进行求导，可得产出和效用：

$$d_{1n} = \frac{1 - fr_b}{2d_b P},\ d_{2n} = \frac{1}{2d\left(fr_b\right)P} \tag{3.12}$$

$$u_{2B} = \frac{(1 - fr_b)^2}{4d_b P} + \frac{1}{4d\left(fr_b\right)P} \tag{3.13}$$

类似的，可以计算出 A 地区的产出和效用：

$$d_{1m} = \frac{\delta\alpha}{2},\ d_{2m} = \frac{P\alpha - fr_a}{2P} \tag{3.14}$$

$$u_{2A} = \frac{(P\alpha - fr_a)^2}{4d_a P} + \frac{P\sigma^2\alpha^2}{4d\left(fr_a\right)} \tag{3.15}$$

当套利分工出现时，商品跨区流通能获得更多的利润，厂商生产更多的产品。在本章假设中，A 地区只有 m 生产部门，B 地区只有 n 生产部门，因此当 A 地区对初级产品有需求时只能从 B 地区进口，同样的 B 地区也从 A 地区进口高新技术产品，从式 3.13 和 3.15 可以看出，交通 – 物流成本 d 是效用函数表式分母的组成部分，当 d 增大时 u_{2B} 和 u_{2A} 均减小，即交通 – 物流成本越高地区的整体效用越低。

再对 A 地区和 B 地区的效用函数进行对比，当交通 – 物流成本非常高以至于 $u_{2A} < u_{1A}$ 且 $u_{2B} < u_{1B}$ 时，两地区为了实现自身的效用最大化，各地只生产本地区所需要的产品，此时整个区域不再出现分工，而商品市场也将是完全分割的。随着交通基础设施的发展，交通 – 物流成本不断下降，当交通 – 物流成本降低到满足 $u_{2A} > u_{1A}$ 且 $u_{2B} > u_{1B}$ 时，A、B 两个地区将加强分工协作，地区间将基于比较优势进行生产，而 m 和 n 两个部门的企业生产也将规模扩大，从而实现整个区域内的市场一体化和产业一体化。

3.1.3 交通基础设施、物流成本与一体化

交通基础设施是物流的载体，在推动物流成本降低过程中发挥着基础和主体作用。本章前两节为了更直观研究交通 – 物流在区域经济一体化中的作用，将不同地区间的空间距离假定为一个常数，在现实生活中，物流距离与空间距离是紧密相关却不完全相等的。物流距离即为产品运输的路程，通常有：

$$S_{ab} > L_{ab} \tag{3.16}$$

交通基础设施作为物流的载体，我们可以认为：

$$s_{ab} = s_{\text{交通基础设施里程}} \tag{3.17}$$

另一方面，不同交通基础设施所能承载的物流速度也存在较大差距，以中国大陆地区为例，高速公路限速通常为 80km/h –120km/h，而其他公路的限速往往低于 80km/h。由此我们可以看出，交通基础设施可以从实际物流距离和物流速度两个方面影响产品流通中的交通 – 物流成本，进而影响区域经济一体化。

在中国，交通基础设施的建设资金来源往往是多方面的。以铁路和公路为例，铁路建设过程中，资金来源主要为政府投资和贷款，其中中央政府的投资约占总额的 40%，地方政府的投资约占 20%，而剩下的 40% 贷款中又有一部分是通过政策性铁路债券来筹措。公路建设过程中，中央预算占总体的 2%，地方财政支出约占 45%，车购税约占 14%，其他部分由贷款和社会集资等构成。① 由此我们可以看出，不管是公路还是铁路，建设资金的主要来源都是由政府的财政收入承担。由于政府财政收入的主要来

① 数据来源《中国固定资产投资年鉴》

源是税收，而税收对交通基础设施的建设有着直接的影响，结合式 5.12-5.15 我们可以看出交通基础设施对于区域内各生产部门的产出和区域总效用之间的关系是非线性的。

在前文的分析中，我们分别对 A、B 地区完全不开放和完全开放两种情况进行了简单的讨论。在现实中，出现更多的情况是 $u_{2A} < u_{1A}$ 且 $u_{2B} > u_{1B}$ 或者 $u_{2A} > u_{1A}$ 且 $u_{2B} < u_{1B}$ 的情况，即完全开放的市场会提高一个地区的跨期分工的效用而降低另一个地区跨期分工的效用，在这种情况下，部分地区出于自身效用最大化的目的而拒绝商品的自由流通。此时增加交通基础设施的存量以降低物流成本成为了提升全社会福利水平的有效手段，但由于税收对市场一体化的负向影响（Belton，1997）[90]，中央政府会选择对财政收入较低的地区进行转移支付（胡向婷，2005）[91]，增加对相对落后地区交通基础设施建设的投资，最终实现全社会福利水平的提升。交通基础设施对市场扩大、区域专业化分工和产业结构都存在着直接的影响，但并非简单的线性关系，我们将在后文对此展开详细的讨论。

3.2 交通基础设施对流通领域的影响

交通基础设施对产品和要素流通的影响主要表现为运输成本，要对运输成本进行衡量主要有两种常用的方法：一种是直接测量运输成本，另二种是衡量产品和要素的流通量，即随着交通基础设施存量的增加，流通领域要素和产品的变化情况。劳赫（Rauch）曾对产品运输过程中的物流费用进行直接测量，他将流通领域的产品根据消费者效用划分为同质产品和差异性产品两类，通过选取美国和日本之间的贸易数据测算出同质产品的运输成本约占产品最终销售价格的 13%，差异性产品的运输成本占比约为 6%。交通 – 物流成本包括直接物费用和时间成本两个方面，因此我们选择通过流通量来衡量交通物流成本，根据前文的分析，我们用图 3.2 展示交通基础设施对产品流通的影响，其中 ω_1^A 和 ω_2^A 分别表示生产要素价格，T^A 表示运输成本，横坐标为一地区收入占总体的比例，纵坐标为两地区间相对要素价格：

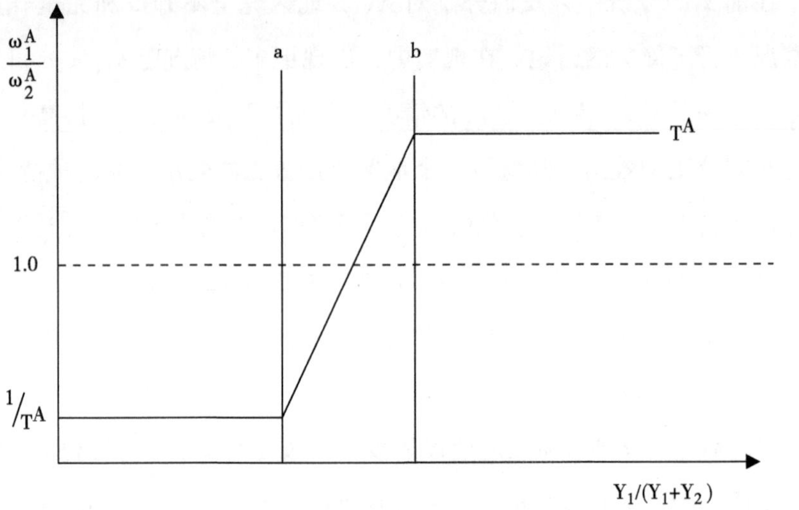

图 3.2　要素价格与产品价格

假定存在 1 和 2 两个地区，两个地区在期初在某个生产部门具有相同的要素存量，两个地区对于产品的需求量不同。根据供求关系可知两地区的产品价格并不相等，此时产品和要素在两地区间存在流通的可能性，也就存在进口方和出口方，由于供给是一定的，所以两个地区是属于进口方还是出口方就由各自的收入水平决定。假定地区 1 的初始收入水平较高，即 $Y_1/(Y_1+Y_2)$ >0.5，此时 1 地区对于产品的需求更大，1 地区就需要从 2 地区进口产品，根据“冰山”成本假设中的运输成本，可以得出 $T^A=\omega_1^A/\omega_2^A$。图 3.2 中的曲线为两地区间要素价格与收入水平间的函数，从图中可以看出，当运输成本 T^A 很大时，即使某地区 1 的收入水平较高，对于产品的需求高于地区 2，产品和要素也不会进入流通领域，两地区仍然处于自给自足的状态。随着交通基础设施网络的优化，交通 – 物流成本不断下降，2 地区的产品开始进入流通领域，随着产出的增加 2 地区对于生产要素的需求增加，此时 1 地区的生产要素开始进入流通领域。由此可以看出不管是要素还是产品，交通基础设施对整个流通领域有显著的正向影响。

3.3 交通基础设施对生产领域的影响

生产过程是经济系统得以运行的基础，在现实社会中，生产过程和区域内的产业结构不是一成不变的，随着社会化大生产的发展，产业在区域内根据要素报酬水平的变化而发生转移和扩散，本节假设有多个区域，每个区域有多个生产部门。为了便于分析，我们参考藤田昌九（梁琦译，2011）[92] 的多国多产业模型，假定存在三个地区，每个地区都存在农业部门和工业部门，劳动力是唯一存在地区和部门差异的投入要素，效率水平 L 和要素相对价格 ω_a / ω_b 之间的关系曲线图可以用图 3.3 表示，并据此分析区域内各地的生产过程：

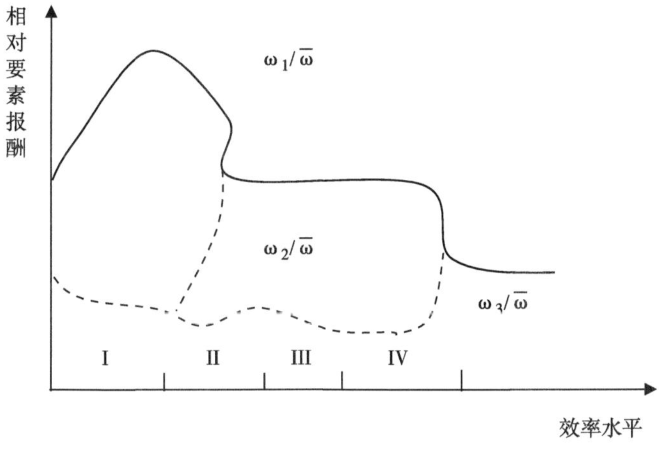

图 3.3 多区域多部门生产变化过程

期初三个地区的消费者偏好、要素禀赋和生产技术水平存在差异，各个地区都有相同的生产部门。各产业间物流成本，收益递增水平，需求水平和投入产出结构存在差异。生产部门 1 的劳动力密集程度最高，3 的密集程度最低。图 3.3 中每效率单位生产要素的相对报酬可以看作效率水平的函数，横坐标的 I、II、III、IV 表示区域内生产部门的四个阶段。在 I 阶段，由于地区 1 存在要素禀赋，所以某一生产部门集中在该地区，三个地区间的要素报酬存在差异，随着效率水平 L 的上升，相对要素报酬 $\omega / \bar{\omega}$ 也开始上升。当相对要素报酬在地区间的差异水平逐渐增大到该生产部门跨区转移有利可图时，产业转移和扩散开始出现。根据亚当斯密的分工理论，当生产部门扩大时，分工开始出现，生产效率随着分工的发展而提升。因此，我们认为产业转移和扩散是伴随着分工出现的，此时区域内生产领域开始进入 II 阶段。

随着社会化生产的发展，地区 1、地区 2 和地区 3 之间的要素报酬差异逐渐缩小，由于产业转移和扩散会同时由一个地区向多个地区展开，所以 $\omega_2 / \bar{\omega}$ 和 $\omega_3 / \bar{\omega}$ 会有一段重合的区间。在这个区间内，区域 2 和区域 3 都接受扩散而来的产业，生产部门的生产过程进行再分配，此后随着生产部门的发展，地区之间的生产关联不断加强，区域内新的产业结构逐渐形成。在动态发展中，地区 2 的生产部门发展壮大，当出现地区 1 和地区 2 的要素报酬与地区 3 之间拉开差距时，整个区域内生产过程由 III 阶段进入到 IV 阶段，整个区域的产业分工、转移和扩散继续进行。由此可以看出，在不同地区间的工业化进程中，各地区的生产部门发展并不是统一的，产业的分工和转移往往根据空间距离的远近而波动性推进的，虽然空间距离是生产过程中的外生变量，但交通基础设施能够通过改变运输成本和“时空距离”来影响产业分工、扩散和转移的过程。交通基础设施对于区域内生产过程的影响主要表现在产业间的关联创造和关联增强两个方面。

根据经济学的基本原理，生产过程依赖于供给和需求，在要素供给和市场需求的共同作用下区域内各生产部门的产业结构得以成型。当需求导向时，相同的要素供给能创造出相同的后项关联，随着需求的增加，生产部门的分工进一步细化，产业间的后项关联开始出现；同理在供给导向时，产业的前向关联开始出现。根据前文的分析，随着地区间生产要素报酬的差距扩大，产业的转移和扩散开始出现，而时空距离所带来的生产效率下降产业扩散和转移阻碍。此时，交通基础设施通过降低运输成本、缩小时空距离为产业的转移和扩散提供基础，随着交通基础设施网络的建成和优化，生产过程的分工和跨区域转移扩散变得有利可图。因此，我们认为交通基础设施可以“创造”出产业关联。

在社会化大生产中，生产过程往往由多个部门和多个地区协作完成。因此，一旦产业关联被创造出来，前向关联和后项关联是同时存在的，从而构成一个完整的产业链条，在此过程中上游产业拥有更强的前向关联而下游产业拥有更强的后项关联。随着交通基础设施的发展，区域内原本独立的空间被连接起来，且时空距离在不断缩小，跨区域的需求和供给对生产的影响作用在加强。假定每个部门所创造的前向关联和后向关联之间是正相关的，当一个地区的生产部门之间关联程度较弱时，最弱的生产部门会迁出本地区以寻求更高的生产效率，而异地类似的生产部门会迁入，随着交通基础的发展，这种迁入和迁出变得更有效率，从而推动整个区域的产业关联增强。

综上所述，交通基础设施通过对生产部门之间的关联创造和关联加强对区域内的产业结构产生影响作用，并且为各生产部门间的分工协作提供基础。因此，我们可以认为交通基础设施是区域生产一体化的重要驱动力。

第四章　区域经济一体化和交通基础设施的指标构建

4.1 区域经济一体化理论结构及指标构建

20世纪80年代以前，经济学家关于区域经济一体化的研究大多从贸易的角度展开，在此前阶段的理论成为传统的区域经济一体化框架。传统理论框架的代表是维纳（Viner,J.，1950）[93]在1950年提出的“关税同盟理论”，他首次提出了贸易创造和贸易转移的概念。米德（Meade，1997）[94]在此基础上将自贸区纳入到区域经济一体化的研究范围内，由此构建出区域经济一体化静态分析框架模型。传统的理论框架大多从贸易的角度展开，然而，马克思曾指出贸易过程本身并不能产生剩余价值。所以，现代区域经济一体化的研究开始转向更全面的领域，采用动态分析框架，以此来揭示价值产生的本质。本文从生产和流通两个角度研究区域经济一体化这一动态过程，结合中国现状，从规模经济、专业化分工、投资效应等视角来分析中国国内区域经济中市场和产业的一体化过程。

4.1.1 区域一体化中的经济效应

（1）规模经济效应

我们假设中国某省份A的市场比较狭小，因此生产过程无法实现规模经济，那么通过相邻或相近省份间协商、合作以扩大市场规模，从而需求增加，生产领域的规模经济将随之出现，这一过程我们成为市场一体化。在此我们假定存在A和B两个省份，基于此研究市场一体化带来的经济增长：

分别用D_A、D_B、AC_A、AC_B来表示A省和B省市场中商品的需求曲线和生产该商品的成本曲线，而两个省内部产品的实际销售价格分别用$P_{A,}$

和 P_B 表示。由于最初两个省份之间市场是分割的，所以我们假定 $P_A>P_B$，而国内其他地区该种商品的平均价格为 P_V。在两者未实现市场一体化之前，外部商品在 A 省销售的额外成本为 C_A，B 省的额外成本为 C_B，当两省通过协商等方式实现区域市场一体化之后，商品在区域内部流通额外的成本均下降到 C_V（该成本主要由流通过程所产生），由于 C_V 远小于 C_A 和 C_B，而 A，B 两国也根据自己的要素禀赋来进行生产分工。市场扩大及产业分工，导致商品的最终价格下降，由此在需求的增加，从而带来消费效应，而规模经济所带来的边际成本下降又能产生直接的生产效应。基于此我们对 A，B 两个省份市场一体化对生产及消费的影响建立供求关系图，图 4.1 中 AC 和 D 分别为供求曲线，由于需求曲线的变化所带来的消费效应和生产效应为图中阴影部分。

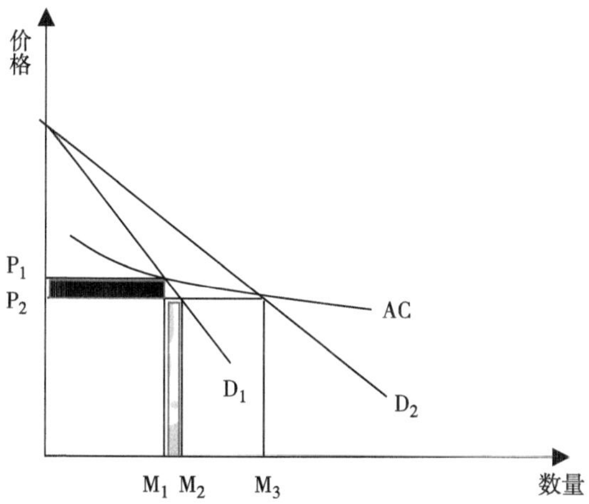

图 4.1　市场一体化的消费效应和生产效应

（2）专业化分工效应

根据前文假设存在 A、B 两个省份，随着区域经济一体化的发展，区域内部产业布局的选择，劳动力的流动以及厂商根据生产成本对位置的调整，将实现资源的最大利用，从而呈现出产业的集聚效应。而根据克鲁格曼在中心 – 边缘理论中的阐述，本地市场效应和价格效应对产业集聚会产生正向的作用，而区域内部的不完全竞争又对产业集聚产生负向作用，最终的结果是区域内部产业分工集聚，实现生产效率最大化。范剑勇在两个经济体资源禀赋完全一致的前提假设下认为区域经济一体化对产业集聚的影响是倒“U”型的。本文假设 A、B 两个省份在资源禀赋上存在显著差异，产业集中度 $V_A>V_B$。从图 4.2 中可以看出：当区域内部不同省份之间资源禀赋存在显著差异时，随着区域经济一体化的发展，专业化分工开始出现并逐步深化，最终实现产业的完全集聚现象，从生产效应上看，来实现了要素生产效率的最大化。

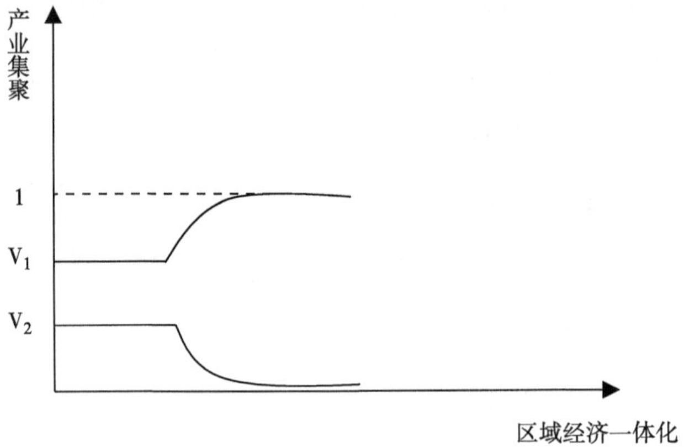

图 4.2　区域经济一体化过程中的产业集聚

（3）投资效应

关于区域经济一体化所带来的直接投资效应，可以从静态和动态两个角度展开分析。其中，Kindlerger,C.（1966）[95] 通过构建静态效应理论框架，研究结果显示区域经济一体化不仅在流通领域能带来贸易的转移和创造，并且在生产领域能对厂商的投资行为可以产生转移和创造效应。Kindlerger,C. 认为区域经济一体化的进程中由于贸易流的增加而产生的贸易转移效应对外部厂商的产品流通造成一定的壁垒。而区域外的厂商为了避免失去该区域原有的市场份额，其生产策略就从商品输入转变成资本输入，即直接在区域内部进行投资并将生产过程转移到区域内部，从而降低贸易成本。对于区域内的厂商而言，经济一体化的深化发展能有效的削弱或消除原本存在的贸易壁垒，区域内部成员之间的贸易成本随之下降，市场规模也在此过程中扩大，本就在区域内进行生产的各厂商在更大的市场和更低的生产和贸易成本双重作用下，为了实现更高的利润而进一步投资，以实现扩大再生产，这一过程我们称之为投资创造。另外，前期在区域内从事生产经营的厂商为了能在统一市场中实现规模经济，并在专业化分工中发展优势产业，往往会对已有的投资项目进行优化。一方面区域内部不同的成员由于要素禀赋以及市场需求的差异而引导资本在区域内部流动，原有的投资和新的投资会向着回报率更高的地区进行转移集聚；另一方面区域外的大型厂商，为了满足对更大的市场需求，将在其他区域的投资转移到本区域来。所以，区域经济一体化会从本区域已有投资和区域外的投资转移过程获得资本的集聚，从而带来经济的发展。区域经济一体化投资创造和投资转移的过程可以从图 4.3 中看出：

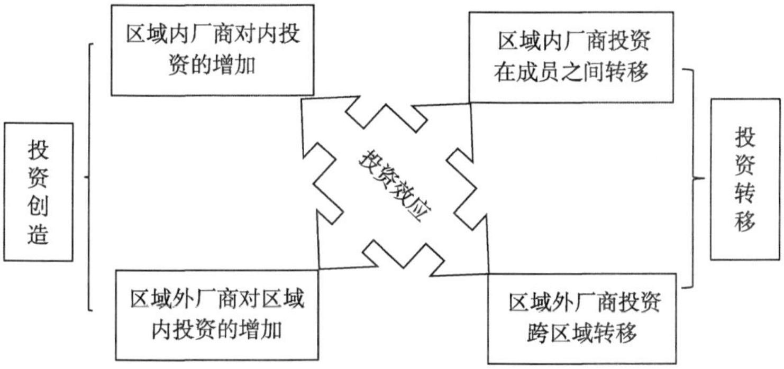

图 4.3　区域经济一体化中的投资效应

通过从流通效应和生产效应两个视角下对区域经济一体化过程的理论分析，我们可以将构建出完整的区域经济一体化传统和现代理论框架，本文的研究根据现代理论框架展开：

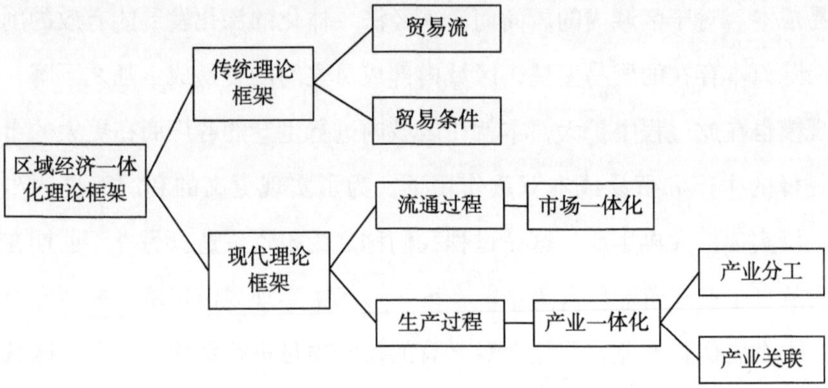

图 4.4　区域经济一体化的理论框架

4.1.2 区域经济一体化对经济增长的理论分析

虽然巴拉萨对于区域经济一体化进程的阐述得到大量经济学家的认可，但这并不意味着不同经济体之间区域经济一体化的过程是由低到高六个层次逐步发展的。此外，一体化组织也存在同时具有两个甚至更多一体化阶段的某些特征。以本文的研究为例，我们的研究对象是中国国内不同省市间构建区域经济一体化的过程，显然不会经历优惠关税这一阶段，但商品、生产要素以及劳动力的跨省域流动同时存在一些壁垒。中国的财政政策既有中央的财政政策也存在地方性政策，流通的货币也是一致的。所以，中国内部的区域经济一体化兼顾着数个阶段的特征。而且，中国国土面积广阔，地区间地理特征、经济发展水平以及居民劳动和消费偏好都存在一定的差异。所以，中国国内区域经济一体化并不是建立全国完全的一体化，本文的研究也将分区域展开。

根据亚当·斯密的论述，经济持续发展的动力来源于生产效率的提高，分工是提高生产效率的最直接手段，而分工的产生及发展需要有充分的市场，这就是古典经济理论中的“斯密定理”。中外学者在研究区域经济一体化问题时理论基础大多来源于此，事实上，区域经济一体化过程也就是市场扩大、产业分工和产业间关联协作，同时伴随着经济生产、劳动力生活以及要素流通所依赖的基础设施协同共建，而区域经济一体化的结果就是经济快速发展。结合斯密定理及巴拉萨关于区域经济一体化的阐述，我们对中国区域经济一体化结构和内涵以及对经济发展的作用机理进行解析。考虑到中国各省之间经济基础、产业结构以及要素禀赋均存在显著差异，所以，我们认为各省存在异质性。以两个成员（本地和异地）为例，假设市场上流通的商品是完全竞争的，社会化大生产中所需要的生产要素只有劳动力、技术和资本三项，分别用 L、A 和 K 表示，借鉴 Frenkel 和 Trauth 的研究成果，由于技术进步是一个积累的过程，所以我们首先可以得出技术进步为：

$$\Delta A = \delta\left(A + A^{*}\right)L_{A} \tag{4.1}$$

其中，ΔA 表示技术进步的水平，A 为本地原有技术水平，A^{*} 为外地技术水平，L_A 为本地技术的承载劳动力（也就是技术人力资本），外地的技术进步方程类似。根据 Frenkel 和 Trauth 对区域经济一体化中模型的假定，我们将本地生产函数设定为：

$$Y = A_{y}^{\alpha} L^{\beta}\left[\int_{0}^{A} K^{\gamma}\left(i\right)di + \int_{0}^{A^{*}} K^{*\gamma}\left(j\right)dj\right] \tag{4.2}$$

外地的生产函数与此类似，在此我们假定经济发展过程中规模报酬不变，于是有：$\alpha+\beta+\gamma=1$，区域经济一体化过程中，当市场完全一体化后我们认为商品的最终价格是一致的。在产品的边际产出等于产品价格，技术进步的投入等于边际产出以及劳动力边际产出等于工资时，我们可以得到生产函数模型的均衡解。在产品的消费市场，我们假定消费者对于产品的偏好符合拉姆齐效用①，基于此，构建出消费者的效用模型：

$$U_{0} = \int_{0}^{\infty} U\left(C\right)e^{-\alpha t}dt = \int_{0}^{\infty} \frac{C^{1-\sigma}-1}{1-\sigma}e^{-\alpha t}dt \tag{4.3}$$

① 在拉姆齐模型（Ramsey model）中，其论证的中心思想是跨越时间的资源分配，即消费者要使得个人效用最大化就需要选择在现有收入水平上分配当前的消费水平，以及提高未来的产出和消费，最终结果是使未来效用和当前消费所获取的的效用之和最大化。

式 4.3 结合了生产以及效用函数所得出的均衡增长，在动态经济增长中，区域经济一体化能够推动区域内成员经济增长率的提高并最终趋于一致。但如果区域内成员之间的生产效率不一致或者居民对消费的时间偏好存在显著差异时，技术存量具有禀赋优势的成员在技术进步方面会显著高于相对薄弱的成员，从而引致技术集聚，也就是说区域经济一体化会带来技术集聚效应。

4.1.3 区域经济一体化的发展过程及本文研究指标

贝拉·巴拉萨（Bela Balasa）对区域经济一体化这个动态过程进行了详尽的阐述，他认为区域经济一体化既是“过程”又是一种“状态”。他将区域经济一体化的过程划分为六个阶段：①优惠贸易安排，这一阶段为区域经济一体化的最初阶段，主要表现为不同的国家（地区）之间通过协定的方式对部分商品的流通采用比较优惠的贸易政策，但仍然存在一定的关税；②区域经济一体化的第二阶段为自由贸易区，相对于初级阶段，一体化的各个经济体之间商品可以自由贸易，但对于外部的经济体则实施标准的关税税率，也就是说在这一阶段，区域内部歧视性关税以及人为的贸易壁垒已经被取消；③区域经济一体化的第三阶段是关税同盟，在这一阶段，关税同盟的各成员国之间商品完全自由流通，完全取消贸易壁垒，并且各成员国通过协定对同盟以外的国家实施共同的关税政策；④区域经济一体化的第四阶段是共同市场阶段，在这一阶段已经一体区域各经济体之间已经不存在任何形式的关税以及贸易壁垒，当实现共同市场后，区域内各经济体之间的劳动力、资本以及生产要素可以自由的跨区域流动，也就是说实现了生产要素的统一市场；⑤区域经济一体化的第五个阶段主要体现在政策方面，当要素及商品市场一体化之后，经济一体化组织将协定在财政、税收、汇率以及货币政策方面寻求统一，共同制定经济活动的相关政策以及人口生活的相关社会政策；⑥第六个阶段也就是区域经济一体化的最高阶段，巴拉萨将之称为完全经济一体化，当区域性组织达到这一阶段之后，区域内部将执行完全一致的经济以及社会政策，基础设施协作共建共用，产业分工达到最高效，这一阶段我们可以将经济一体化的区域看作是一个经济体。

（1）中国区域经济一体化的现状及发展趋势

区域经济一体化并不是伴随经济发展而自然推进的过程，因此，各国政府都在通过行政手段为地区间以及国内区域经济一体化的进程提供动力。中国地理面积辽阔，地形地貌以及生产要素分布较为复杂，所以中国国内的区域经济一体化一直以来都是以构建一体化发展的城市群作为主要方式，且以地理上的相邻或相近为主。国务院关于国内各城市群的规划时，七个经济发展水平较高的城市群均分布在经济较为发达的区域，且这些区域均已实现高速铁路覆盖。当前中国国内区域经济一体化的发展在产业分布、交通基础设施布局以及政策扶持方面呈现出以下特征：

经济一体化发展较快的城市群内产业转移更为显著。由于中国不同省市的地理位置以及经济基础存在一定程度的差距，各省市在生产要素禀赋、各产业的发展基础、劳动力供给、市场环境以及资本存量分布并不均匀。在市场以及政策的共同作用下，区域内部通过产业垂直跨省市分工，实现生产效率的提升，并在产业的转移过程中实现资源的高效利用以及产出的最大化。而区域经济一体化内部的各省市间由于空间上更为接近，在生产要素、中间产品、劳动力以及资本的流动方面都更为便捷。以长三角地区为例，在对 2001–2016 年长三角区域的上海、江苏和浙江各产业最终产出的市场份额进行测算，可以得出：这一时间段内上海的农副产品加工、家具制造、文体用品制造、医药制造、金属制造以及机器制造业的占比下降幅度均超过 20%，而江苏的家具制造业产出有显著下降，但金属制造业、医药制造业以及机器制造业的产出占比上升幅度均超过 15%。同期浙江家具制造和文体用品制造以及农副产品加工业的产出占比均上升超过 25%，周边的江西、安徽等省份则并未明显的从产业转移中获得显著净流入。

劳动力跨区域流动更加便利。近年来交通基础设施在逐步完善，高速公路、高速铁路覆盖范围在进一步增加，由于各地在产业结构、企业规模以及生产生活基础设施之间存在一定的差距，各地劳动力报酬也存在明显差别，丰富的流动方式为劳动力的跨区域流动提供基础。《中国劳动力市场发展报告》统计结果显示：中国劳动力市场平衡指数[①]呈现出不断上升的趋势，2016年达到64.7，年度劳动力跨区流动超过3亿人。根据索罗经济增长模型，经济持续增长的动力来源于技术进步，而人力资本不但是技术进步的载体，劳动力集聚所推动的产业分工协作也通过规模效应为技术革新带来必要的基础。所以，人口的跨区域流动为生产要素的流动以及生产效率的提高提供基础，也是区域经济一体化的有效推动力。

交通及通信基础设施快速发展。区域经济一体化发展的前提是生产要素、产品以及信息的跨区域流动，而交通基础设施作为有形生产要素流动的基础，通信基础设施作为信息传播的最有效途径，它们的发展是区域经济一体化的前提条件。近年来，公路、铁路、民航以及航道为主的交通基础设施存量逐年攀升，而移动互联网技术的发展和应用的推广，为信息的跨区域互通共享提供支撑。中国的交通基础设施起步较晚，1960年建成第一条电气化铁路，1988年第一条高速公路通车，2008年第一条高速铁路正式投入使用，而到2017年铁路、高速公路以及高速铁路的运营里程数分别超过13万公里、14万公里和2.5万公里。还有大量的交通基础社设施项目正在施工建设之中，丰富的交通基础设施和通信基础设施为区域经济一体化的发展提供有效的支撑，但在中国大陆各省市间以及各区域间的分布并不均匀。

政府为区域经济一体化提供更多的政策支持。2013年，“丝绸之路经济带”的提出为经济发展提出了新的方向。中国“十九大”报告中明确提出要实施“区域协调发展战略”，也将区域经济一体化发展作为国家经济

---

① 劳动力市场平衡指数由北京师范大学劳动力市场中心根据劳动力市场的供给需求、价格、流动性和政府治理四个方面，构建了由4个二级指标、9个三级指标形成的衡量中国劳动力市场平衡性的指标。

发展的重要战略之一，同时各地方政府也将区域合作作为经济发展的新动力。当前中国区域经济一体化过程中政府的主要作用机制有三种：一是区域内各地政府间通过自主协调来进行一体化发展，代表区域有长三角、珠三角以及中原城市群。第二是上级政府派出机构，这一模型大多存在于一省内部，规模范围较小。第三是成立联合机构，这种模式主要在西部地区，便于统筹各地生产资源。截止 2017 年，中国共有国家级城市群 12 个，地区性的城市群更是多达数十个各地方政府对于区域经济一体化的政策性支持主要从两个方面开展：一是通过协调产业空间布局，为产业垂直分布和上下游产业的发展提供支撑，以提高生产效率；二是对公共服务领域以及生产生活提供基础设施，包括科教文卫、交通通信以及生态环保。

中国区域经济一体化的深化，通过建立统一、公平、开放、有序以及高效的市场体系，优化劳动力、资本和生产资料的配置效率。通过产业的扩散、集聚、转移和生产过程的分工，发挥各省市的生产优势，形成高效的产业分工以提高生产效率。通过政府间的协调规划，技术共享、消除壁垒、基础设施共建共用，以形成规模效应，为区域经济一体化提供基础。综上所述，区域经济一体化要实现市场、产业两个维度的一体化发展。

（2）本文研究指标及说明

虽然国内外研究区域经济一体化时间及范围都比较广，但由于各国的在地理范围、人口数量以及政治形态上并不相同，所以研究中国内部的区域经济一体化问题时并不能完全照搬国外的指标体系。研究中国区域经济的文献虽然较多，但大部分将研究重点放在区域经济增长方面，而关于区域经济一体化的研究更多的集中在一体化进程，因此在指标构建中并没有一个综合的权威的评价体系。已有的研究既有某一方面的评价，如对中国某一区域研究市场一体化（楠玉，2018）[96]、城乡经济结构一体化（Kapoor，M.，2007）[97]、海洋经济一体化（刘玉海，2012）[98]、生态环境污染治理一体化（黄海霞，2015）[99]，以及区域经济协调发展等评价研究。也有相对综合性的评价指标体系，如城市群（大量的研究围绕长三角、珠三角以及环渤海经济带展开）综合竞争力评价（张学良，2017）[100]，区域内不同城市之间经济协调发展指标评价（楠玉，2018）[101]。本文旨在构建完整的区域经济一体化内涵指标体系，以期通过分解区域经济一体化的完整影响因素来研究交通运输在区域经济一体化发展过程中所扮演的角色及作用机制。我们对区域经济一体化的表征进行分类，从流通领域和生产领域两方面进行分析。其中，流通领域表现为市场一体化，生产领域表现为产业一体化，包括区域内的产业分工和产业关联协作。一方面交通基础设施网络的完善能有效降低直接运输成本和时间成本，增加要素和产品异地交易的竞争力，从而在流通领域推动统一市场的形成。另一方面，高效的交通基础设施网络能缩短地区间的“时空距离”，从而加强区域内各生产部门之间的联系，为生产过程的分工、产业之间的关联协作以及区域内全产业链的形成提供基础，最终提高整个区域的生产效率。综合以上分析，本文对区域经济一体化的理论结构和本文的研究指标进行构建，为后续实证分析提供研究基础，具体研究指标为表 4.1：

表 4.1　区域经济一体化指标体系及本文研究思路

一级指标	二级指标	三级指标	四级指标	本文研究对象
区域经济一体化	流通效应	市场一体化	区域市场分割	交通基础设施是生产要素、技术、产品以及劳动力的流动的基础，可以削弱地理空间以及行政壁垒的限制，本文通过研究交通基础设施对市场的分割效应来分析其在流通领域的作用。
	生产效应	产业一体化	区域产业分工	区域经济一体化能带来更大产品市场，需求增加推动生产规模扩大，从而引起产业分工，交通基础设施通过扩大生产规模来推动区域内产业分工，本文通过交通基础设施对区域内产业分工的效应来研究其在生产领域的作用。
			区域产业关联	产业关联与产业分工共同构成区域内的产业结构，交通基础设施通过降低物流成本推动区域内产业链的形成，产业链越完整则区域内的总体生产效率越高，本文通过交通基础设施对产业关联的影响来研究区域内生产过程中的产业协作。

4.2 交通基础设施理论结构及指标构建

4.2.1 交通基础设施的理论结构

交通基础设施作为基础设施的重要组成部分，一直以来都是学者研究经济问题的重要方向，但由于运输工具以及人类科技水平的发展，交通基础设施并没有统一认可的概念，其在不同历史时期的学者对该问题的理解存在显著的差异。当然，要想对交通基础设施进行定义就要先认清基础设施的结构。

根据前文关于基础设施的定义，国内外学者在基础设施的概念界定中虽然没有达成完全一致，但都存在部分相对一致的观点：基础设施具有公共物品的特征，是一个国家或地区经济活动的基础，能为国民经济中各个产业的生产经济提供服务，一般规模较大且在空间转以上存在极大困难。在分类上，可以根据服务范围划分为广义的基础设施和狭义的基础设施，广义的基础设施包括一切有形的、无形的为社会提供服务的设施，狭义的基础设施主要指直接参与到生产经营中的有形设施，为此构建基础设施结构图（见图 4.5）：

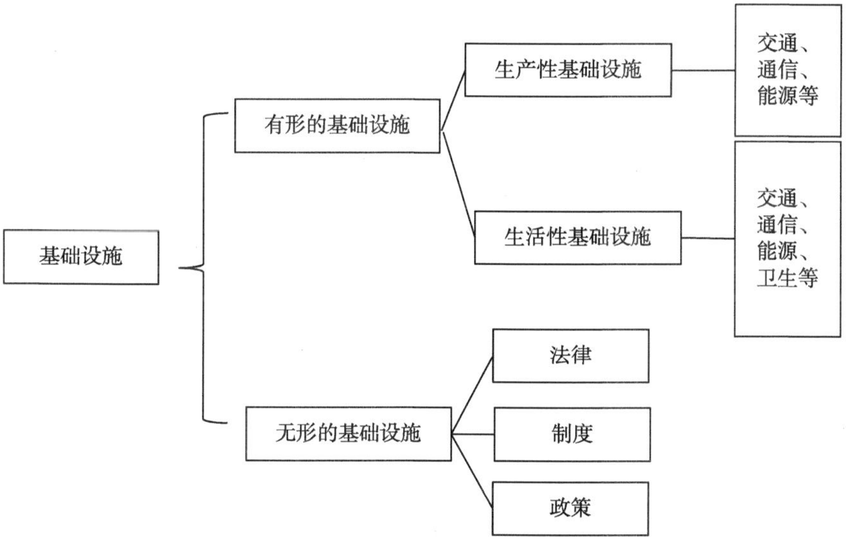

图 4.5　基础设施组成结构

根据上述分类，交通基础设施属于经济性基础设施，直接参与到国民经济的生产、流通中。交通基础设施具有生产性和社会性两个方面的特性，研究区域经济一体化时，更重要的是考察交通基础作为生产性基础设施的特性。广义上的交通基础设施是为满足货物流通和公众出行需求所投资建设的设施，狭义的交通基础设施是运输过程中为交通工具提供支持的公路、水路航道和航线等。

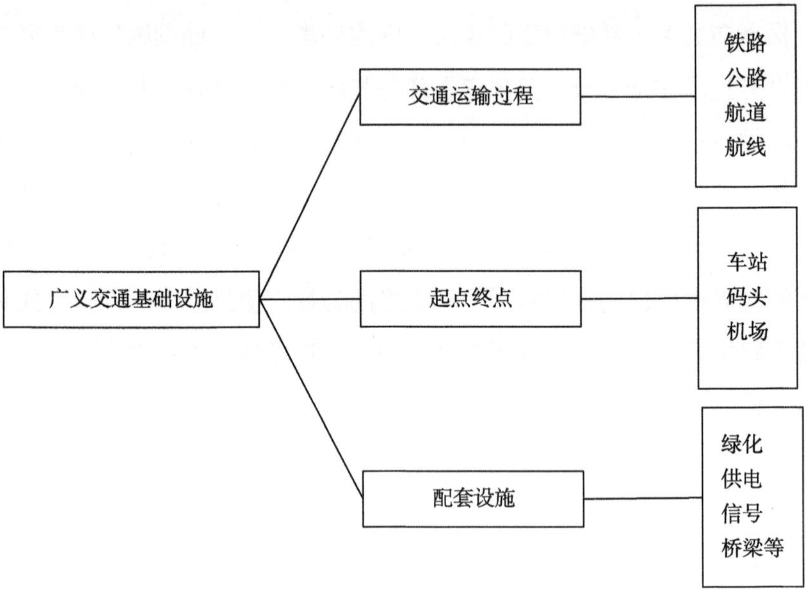

图 4.6　广义交通基础设施的构成

本文研究交通基础设施对区域经济一体化的影响，包括一体化过程中要素、产品的流通，产业的分工以及产业间的关联协作，因此，属于狭义上的交通基础设施，即运输过程中承载运输工具的交通基础设施。具体指标的构建将根据国内外的研究和中国实际情况在后文中详细论述。

4.2.2 交通基础设施与全社会基础设施

根据参与社会化大生产的方式，可以将基础设施分为经济性基础设施和社会性基础设施。交通基础设施与通信基础设施以及能源基础设施共同构成了经济性基础设施，经济性基础设施是地区生产活动得以开展的基础，不同地区间经济基础设施的差异将直接导致投资环境以及本地资本吸引力的差异。作为经济一体化的重要组成部分，在同一地区不同省份间经济性基础设施的差异直接导致省市对于本地以及外地资本、要素和生产经营的吸引力不同，从而影响本地的产业布局，进而影响本地的经济发展。自 1978 年中国改革开放以来，基础设施建设一直是国家财政收入的重点投入方向，而作为地区经济发展，尤其是跨空间经济生产活动的物质基础，基础设施的存量及使用效率是区域内不同城市间以及不同区域间经济协调发展的推动力量（Abdel Rahman，H.M.，1990）[102]。经过改革开放四十年来的发展，基础设施存量呈现出投入持续增加，存量持续增加以及使用效率持续提升的态势。基础设施既包括直接参与经济生产活动的经济性基础设施也包括为社会活动和居民生活提供服务的社会性基础设施，根据世界银行的划分标准①，经济性基础设施包括：交通基础设施，通信基础设施和能源基础设施，而社会性基础设施包括科技、教育、文化、医疗卫生等生活服务型基础设施（鞠晴江，2006）[103]。经济性基础设施直接参与生产活动，交通、通信和能源在生产要素的流通过程中发挥着直接作用，能有效推动产业的分工协作，从而推动区域经济一体化进程。社会性基础设施在区域经济一体化过程中更多的是在人才的流动和聚集过程中发挥作用，人才作为各产业得以发展的基础，人才的集聚和流通与产业集聚分工存在相互作用的过程。而地方的科技、教育、文化、卫生质量是吸引人才流动的重要指标，所以我们认为社会性基础设施也能间接的推动区域经济一体化进程。

① 世界银行在《世界发展报告 1994：基础设施发展》中将基础设施划分为经济基础设施（economic infrastructure）和社会性基础设施（social infrastructure），在此之前我们提到基础设施时往往仅指的是经济基础设施，而事实表明社会性基础设施虽然不直接参与经济活动，但对于经济发展，尤其是人员流动中发挥重要作用。

然而各项基础设施并非同步发展，交通基础设施作为基础设施的先行者，对于其他各项基础设施发展的存在一定的带动作用。本文研究区域经济一体化问题，基础设施一体化作为其重要组成部分，将交通基础设施作为解释变量来研究区域经济一体化处于以下两方面原因：首先，交通基础设施的外部性、网络效应以及空间基础设施效应是其他类型的基础设施所不能比肩的。其次，全社会基础设施的发展与交通基础设施的发展之间有不可忽视的相关性，以交通基础设施最为代表来研究区域经济一体化问题更符合经济学规律，也能更好的体现经济系统中的生产和流通两大领域。

（1）基础设施的分类

交通基础设施的网络效应可以体现在两个方面：一方面当本地具备更好的生产条件，边际收益大于边际成本的情况下，发达的交通基础设施可以加快异地生产要素、资本以及技术往本地流入。另一方面当本地经济性基础设施吸引力不如相邻地区时，交通基础设施的发展反而会导致本地生产要素、资本以及技术的流出。考虑到交通基础设施在中国大多数是由中央或地方财政支出，属于政府行为，而通信基础设施、能源基础设施的投入，既有政府行为又有企业行为，如大量的通信基础设施由移动、联通、电信等运营商进行投入，而水、电、油、汽等能源基础设施同样由政府行为和企业行为共同构成。由此，我们在本研究中认为通信基础设施和能源基础设施的建设具有一定的市场特性。

交通基础设施对能源和通信基础设施的带动作用我们可以从两方面考虑：一是交通基础设施的完善可以为生产行为带来更大的市场，由此企业和本地政府为了更好地创造生产条件而更多地投入建设能源及通信基础设施；二是考虑到交通基础设施在空间上存在较强的溢出效应[①]，所以我们认

① 溢出效应（Spillover Effect）：是指一个组织在进行某项活动时，不仅会产生活动所预期的效果，而且会对于组织之外的人或社会产生的影响，常见的有知识溢出效应、技术溢出效应和经济溢出效应等。

为地方政府在交通基础设施建设开展后对于本地市场向相邻区域开放，这就会促使地方政府增加本地的能源及通信设施建设，以提高本地的生产及市场竞争力。由此，我们假定交通基础设施可以对能源及电信基础设施建设提供特定的“中间产品”。

社会性基础设施一直以来都不是国民经济关注的重点，甚至在有些年度被归为“社会文明建设”的一部分，所以在投资建设过程中，占全部财政支出的比例不足5%①。但随着交通基础设施网络的完善，生产要素、人才、技术以及资本流动变得越来越便利，由此生产经营尤其是劳动力对工作生活环境中的社会性基础设施提出更高的要求。以教育和医疗为例，具有该项优势的城市往往对人才具有更高的吸引力，在经济一体化的趋势下，如果某一省市的社会性基础设施呈现出显著的薄弱，则在人才集聚甚至产业分工过程中都处于劣势。所以，研究交通运输对社会性基础设施的作用对推动区域经济一体化有直接的意义。

（2）交通基础设施在全社会基础设施中的作用

为了提高研究的严谨性，我们将分别探讨交通基础设施对通信基础设施、能源基础设施以及社会性基础设施的带动作用。参考已有的研究不同产业发展关联性影响的方法，本文将交通基础设施和其他基础设施作为一个整体，假定交通基础设施，通信基础设施以及能源基础设施均能生产出一定的产品②，且在生产过程中的投入一定的要素，据此构建两部门生产模型来研究交通基础设施对其他经济性基础设施的带动作用。

假定 Yt 是交通基础设施和其他经济性基础设施在是在第 t 时期的总产

---

① 数据来源于中国城市统计年鉴，5% 是全国所有省市的年度社会性基础设施建设支出占年度总财政支出的比例。

② 实际上，交通基础设施的社会属性及经济属性均体现在其运输效率所带来时间价值，时间虽然是无形的，但我们参考荣朝和的研究结果，认为运输所带来的时间及空间上的延展均属于一种特殊的产出，通信基础设施作为信息流动的载体，能源基础设施作为国民生产和居民生活的基础，我们同样假定这两者也通过生产过程而产出一定的“产品”。

出，*St* 和 *Mt* 分别是第 t 时期交通基础设施和其他经济性基础设施的产出，*Lst*，*Kst*，*Lmt* 和 *Kmt* 分别是交通基础设施和其他经济性基础设施生产过程中的投入要素，交通基础设施的产出作为中间产品提供给其他经济性基础设施。我们可以得出交通基础设施和其他经济性基础设施的投入产出函数为：

$$S_t = \left(L_{st}, K_{st}\right), M_t = \left(M_{st}, M_{st}, S_t\right) \tag{4.4}$$

其中，由于交通基础设施的部分产出可以作为中间产品投入到其他经济性基础设施中，同时考虑到交通基础设施的外部效应以及空间上的溢出作用，且交通基础设施作为存量指标其产出具有持续性，由此我们可以假定：

$$S_t^* = \theta S_t + (1-\theta) S_{t-1}^* \tag{4.5}$$

基于此，我们可以对其他经济性基础设施的产出函数进行修正，修正后的实际产出函数为：

$$M_t = \left(M_{st}, M_{st}, S_t^*\right) \tag{4.6}$$

对交通基础设施及其他经济性基础设施进行生产函数进行全微分，并整理①，我们可以得出：

$$\partial Y_t = S_{L_{St}} \partial L_{st} + S_{k_{St}} \partial K_{st} + M_{L_{Mt}} \partial L_{Mt} + M_{k_{Mt}} \partial K_{Mt} + M_{\dot{s}_t} \partial s_t^* \tag{4.7}$$

其中，$S_{L_{St}}$，$S_{k_{St}}$，$M_{L_{Mt}}$，$M_{k_{Mt}}$ 分别代表交通基础设施和其他经济性基础设施的边际产出，$M_{\dot{s}_t}$ 代表交通基础设施的部分产出作为中间产品投入到其他经济性基础设施的生产过程中的边际产出。

考虑到不同类型基础设施的投入产出路径不同，如交通基础设施在经济生产中扮演的角色是商品、要素及技术的流通运输，而通信、能源等基

① 由于篇幅限制，两部分各自的生产函数偏微分计算详细步骤不在一一列出，读者如有疑问可联系作者进行求证，接下来模型推导过程中计算过程也不再详细进行列出。

础设施的产出是信息流通，或国民生产过程中的中间产品，由于不同类型基础设施投入产出的特殊性，以及不同基础设施之间资源配置和要素生产效率均所存在的差异。我们在本研究中借鉴两部门模型的常见做法，在此我们假定交通基础设施和其他经济性基础设施的要素边际生产效率所产生的差异相同，并假定该差异率为 δ，则作为两部门的基础设施要素边际产出之间的关系为：

$$S_{L_{St}} / M_{L_{Mt}} = S_{k_{St}} / M_{k_{Mt}} = 1 + \delta \tag{4.8}$$

假定其他经济性基础设施对生产要素 L 的投入产出弹性为 α，由此我们可以得出其他经济性基础设施的要素边际产出为：

$$M_{L_{Mt}} = \alpha * (Y_t / L_t) \tag{4.9}$$

结合式（4.7）（4.8）（4.9）同时假定其他经济性基础设施要素 K 的边际产出为 β，由此我们可以得出：

$$\partial Y_t / Y_t = \alpha \partial L_t / L_t + \beta\left(\partial K_t / Y_t\right) + \left[\delta / \left(1+\delta\right) + M_{s_t}\right]\left(\partial S_t / S_t\right)\left(S_t / Y_t\right) \tag{4.10}$$

再假定交通基础设施对其他经济性基础设施的外部效应对其他经济性基础设施产出的弹性是不变的，即交通基础设施所产生的部分中间产品流入到其他经济性基础设施生产过程中的投入产出弹性是不变的，考虑到该两部门的生产过程具有一定的滞后效应，所以对前式进行整理，并对其他经济性基础设施边际产出，和总产出的边际产出进行几何滞后，由此，我们可以得出：

$$\begin{aligned}\left(\partial Y / Y\right)_t = {} & \alpha \cdot \theta\left(\partial L / L\right)_t + \beta \cdot \theta\left(\partial K / Y\right)_t + \left[\delta / \left(1+\delta\right) - \phi\right] \cdot \theta\left(\partial S / S\right)_t \cdot \\ & \left(S / Y\right)_t + \phi\theta \cdot \left(\partial S / S\right)_t + \left(1-\theta\right)\left(\partial Y / Y\right)_{t-1}\end{aligned} \tag{4.11}$$

式 4.11 中 ϕ 表示交通基础设施对其他经济性基础设施生产外部性

带动作用的测量指标，$\partial Y/Y$即为总产出的增长率，$\partial L/L$表示生产要素L投入的增长率，$\partial K/Y$表示生产要素K与总产出的边际变化率，$(\partial S/S)_t \bullet (S/Y)_t$是交通基础设施产出对所有经济性基础设施产出的边际效应和两者比率的乘积，也就是交通基础设施对全体经济性基础设施的产出贡献率。

为了便于考察，我们用$c,\gamma_1,\gamma_2,\gamma_3,\gamma_4,\gamma_5$来代替$\alpha\theta$，$\beta\theta$，$[\delta/(1+\delta)-\phi]\theta$，$\phi\theta$和$(1-\theta)$，替代后我们可以将交通基础设施对其他经济性基础设施带动作用的两部门模型直观的转换成计量模型：

$$(\partial Y/Y)_t = \gamma_1(\partial L/L)_t + \gamma_2(\partial K/Y)_t + \gamma_3(\partial S/S)_t \bullet (S/Y)_t + \gamma_4 \bullet (\partial S/S)_t + \gamma_5(\partial Y/Y)_{t-1} + \epsilon_t \tag{4.12}$$

从式4.12中可以看出交通基础社会对区域基础设施一体化存在一定的推动作用，然而由于经济学基础设施和社会性基础设施自身的定位，所以交通基础设施对区域内不同类型基础设施一体化的进程带动渠道即存在直接效应，又有间接效应：

第一，直接带动效应。交通基础设施对直接带动区域内经济性基础设施的发展主要是经济性基础设施结构的优化，包括结构的改善和使用效率的提升。优化既表现在根据实际需求增加经济性基础设施的规模，还表现在区域内经济性基础设施统一规划中避免重复建设，具体包括以下两个方面：

交通基础设施的发展促进区域内经济性基础设施结构的优化。从交通基础设施、能源基础设施以及通信基础设施在历史上出现的时间来看，交通基础设施网络的完善是能源的流通以及通信技术发展的前提。对经济性基础设施结构的改善主要在于内部配置和组织方式的变革，区域内基础设施一体化前提是经济性基础设施能满足社会经济发展的需求，能源作为自然资源类要素，其存在于中国大陆特定省份，在存量贫乏的地区经济发展需要通过跨地区运输来满足本地区的需求。而中国大陆各省市产业分工存在差异，交通基础设施的发展有助于推动能源的跨地区流动，从而避免某一地区不同类型能源基础设施的结构不合理。以电力和煤炭为例，同样为生产生活提供能源，且两者在某些领域存在可替代性，交通基础通过其流通功能来为这两者的高效配置提供基础。而通信作为技术和资本密集型产业，其基础设施的发展需要人才和资本的积累，交通基础设施通过促进跨区域的人才资本流动，优化通信基础设施生产要素结构，实现其高效发展。

交通基础设施的发展促进区域内经济性基础设施规模的优化。基础设施作为准公共用品，各省市在最初的规划建设中都从自身的需求来开展，而不同省市间存在显著的要素禀赋差异这也导致了经济性基础设施在建设过程中要素的效率不能达到最高。而交通基础设施网络的完善可以将区域内不同省市连接起来，由此推动区域内不同省市在经济发展时建设经济性基础设施过程中更好的利用本省的优势，通过区域内跨省市的合作，避免经济性基础设施的重复建设，以实现区域经济的高效发展。

第二，间接带动效应。社会性基础设施并不直接作为要素投入到经济生产经营活动中，但社会性基础设施作为科技创新、教育、居民健康的基础要件，又是经济生产经营中不可或缺的部分。交通基础对区域内社会性基础设施一体化发展的带动作用主要体现在两个方面：

交通基础设施推动产业分工从而倒逼社会性基础设施发展。从前文理论分析可以看出交通基础设施对产业分工推动效应，促进产业在不同省市间的分工集聚。而产业分工的形成需要相应的社会性基础设施作为支撑，例如，当交通基础设施推动某一地区劳动密集型制造业企业大量集聚，而这类企业的集聚对技术型劳动力需求大增。地方政府为了产业发展的需求，会加大本地技术性人才教育的投入，由此推动本地基础教育和高等教育基础设施的发展，优化本地的社会性基础设施结构。

交通基础设施通过提高劳动力流动效率推动社会性基础设施发展。交通基础设施，尤其是客运铁路、高速公路的快速发展将为劳动力流通带来更大的便利。而交通基础设施又具有网络效应，当某一省份的经济发展较快，就业岗位多时，交通基础设施能推动异地劳动力向本地流动，从而对本地的医疗卫生、基础教育等社会性基础设施提出更高的需求。因此便推动的本省增加对社会性基础设施的投入，从而推动其发展。交通基础设施的网络效应同样表现在当异地的对于劳动力的需求增加或者基础教育、医疗、科研等基础条件更为优越时，交通基础设施的便捷将导致本省人才的外流。人才作为经济发展的基础，人才外流将倒逼本省增加社会性基础设施建设投入，从而推动其发展完善。

4.2.3 交通基础设施的发展现状及本文研究指标

（1）中国交通基础设施的现状

自改革开放之初，交通基础设施的发展就作为国民经济发展的重要内容，1978 年 12 月，中共十一届三中全会明确了以经济建设作为中心的基本国策。中国经济体制由计划经济向市场经济进行转变中，交通基础设施作为经济发展的先决基础也拉开了快速发展的大幕。1984 年，中国第一条高速公路——沪嘉高速正式动工，1988 年建成通车，从此高速公路这一重要的交通基础设施建设在全国各地开展。在 1997–2007 年这十年间，中国铁路共完成六次大提速，铁路基础设施运输效率得到全面提升。2005 年中国第一条高速铁路——京津城际高铁正式动工，2008 年投入运营，自此中国高速铁路也进入快速发展的阶段。根据国务院关于中国交通基础设施的规划，我们对 2015 年中国各项交通基础设施的存量以及“十三五”期间的规划进行梳理，结果见表 4.2：

从表 4.2 中可以看出，中国铁路、公路、内河航道以及航空运输基础设施存量较改革开放初期大幅增加，这说明近年来中国交通基础设施一直处于高速发展的趋势，并且根据远期规划，未来几年将继续保持高速增长的态势。

表 4.2　中国交通基础设施存量及规划

指　标　名　称		单位	2015 年	2020 年（计划）
交通基础设施	铁路营业里程	万公里	12.1	15
	高铁营业里程	%	1.9	3
	铁路复线率	%	53	60
	铁路电气化率	万公里	61	70
	公路通车里程	万公里	458	500
	高速公路里程	万公里	12.4	15
	内河航道里程	万公里	1.36	1.71
	万吨级以上泊位	个	2207	2527
	民用运输机场数	个	207	260
	通用机场数	个	300	500
	建制村通硬化路	%	94.5	99
	城市轨道交通	公里	3300	6000
	油气管网里程	万公里	11.2	16.5

注：数据来源为“十三五”现代综合交通运输体系发展规划，国家高速公路里程统计口径为原“7918”国家高速公路网。

由于中国交通基础设施的建设是以政府投入为主，我们根据国务院关于交通运输的“十三五”规划可以总结出其发展趋势：①高速铁路建设仍然是铁路基础设施的重点方向，高铁网络将更加完善，根据下一步规划，到 2020 年高速铁路将覆盖 80% 以上的城区常住人口超过 100 万人的城市，由此将有效提升人口跨区域流动的效率。②中国常住人口超过 20 万的城市将实现铁路、高速公路以及民用航空机场的全面覆盖，生产要素和商品的流动效率将因此得到大幅提升，为区域经济一体化发展提供基础。③内河高等级航道网络、沿海港口以及油气运输管网将进一步发展，货物运输效率进一步提升，产业转移扩散所需要的生产基础进一步完善。

（2）本文研究指标及说明

长期以来，中外学者对交通基础设施展开了大量的研究，也积累了众多的角度、方法。在交通基础设施代理变量选择方面，大体分为两类路径：一类是“遵照新古典的资本概念”，以交通基础设施建设过程中所投入的资金来表示，采用这一方法的研究大多集中在上世纪且较多地集中在研究经济发展问题的文献中。另一类是“对新古典的技术关系予以还原”（Demurger，S.，2000）[104]，以交通基础设施的实际存量来表示，采用这一方式的研究文献在近年来开始变得丰富。交通基础设施所涵盖的范围较广，不仅包含水陆空多个方面，还包括有形的基础设施和无形的交通基础设施。在以往的研究中，衡量交通基础设施的指标主要分两类：一类通过投资（包括实物资本、人力资本、政府支出、外商直接投资等）作为交通基础设置资源禀赋来衡量（Parsley，D.，1996）[105]，另一类通过交通基础设施的存量（如公路、水运交通的固定资本存量）来衡量（陆铭，陈钊，2006）[106]。由于交通基础设施的建设投入不完全包括公共投入，还有一部分是由私人投资完成的（Poncet，2003）[107]，而私人投入又无法进行准确的统计，因此用公共投资来测量交通基础设施容易产生系统性的误差。所以对于交通基础设施的衡量大多是从存量的角度来进行相关测度，这其中以 Parsley（1996）[108] 和 Fleisheretal（2007）[109] 的研究最为典型，他们通过交通密度来对交通基础设施进行测度，也就是用公路、铁路和内河航道里程之和除以各省份的国土面积来进行计算。

对比以上两种指标选取的时代背景，以及研究问题的方向，我们认为相较于交通基础设施建设过程中的资金存入，实际投入运营中的交通基础设施存量更能代表其作为要素流动的角色，且在实证分析过程中数据来源更可靠。具体原因有以下三个方面：

首先，交通基础设施属于公共物品的范畴，不但具有经济效应，还有一定的社会效应，所以在交通基础设施建设过程中投资决策并不完全是市场行为。在中国，基础设施的建设往往是由政府主导。虽然，自 20 世纪末开始，高速公路以及铁路的建设运营逐渐地以企业为主导，但整体的规划决策仍是由政府制定。而政府在规划交通基础设施过程中不但要考虑其经济效应，还要考虑社会效应甚至是对城市形象的作用以及政治影响等方面。因此，交通基础设施建设在不遵循经济效益最大化的原则下，我们从理论上就无法将其纳入到“瓦尔拉斯一般均衡分析框架”①中去，所以单纯的从货币的角度来衡量交通基础设施的存量在逻辑上也是不通的。

其次，即使抛开新古典资本概念，用货币来衡量交通基础设施存量也是不合理的。交通基础设施建设过程中受地理特征、自然条件等因素的影响较大，高原或者山区与平原地带相比，同等的资金投入并不能带来相等交通基础设施存量变化。以青藏铁路和京沪铁路为例，前者的单位里程资金投入量要数倍于后者。基于以上两方面原因，我们认为用交通基础设施的实物存量来作为代理变量更为科学。

最后，交通基础设施的建设投入不完全包括公共投入，还有一部分是由私人投资完成的，而私人投入又无法进行准确的统计，因此用公共投资来测量交通基础设施容易产生系统性的误差。但本文认为用该方法来衡量交通运输对地区间产业集聚的效应并不准确，因为交通基础设施的建设之初就包含经济效应以及社会效应，且交通基础设施中的单位里程数在不同区域汽车或者火车的通行量有可能差别巨大。考虑到中国不同区域地理条件的差异，同样规模的交通基础设施在不同空间区域所需要的投入差距较大，比如在西部山区修建一公里公路所需成本显然是远高于平原地区（董洪超等，2017）[110]。

在用实物形态的变量来作为交通基础设施代理变量的研究中，较常见的是选取公路和铁路基础设施来由表及里地代理交通基础设施②。然而，这

① 瓦尔拉斯认为，整个经济体系处于均衡状态时，所有消费品和生产要素的价格将有一个确定的均衡值，它们的产出和供给，将有一个确定的均衡量。所以不能仅研究一种商品、一个市场上的供求变化，必须同时研究全部商品、全部市场供求的变化。只有当一切市场都处于均衡状态，个别市场才能处于均衡状态。

② 刘秉镰等（2010年）给出了做出该项选择的合理解释，即：1997—2007年间，铁路和公路交通基础设施所共同负担的全社会货运和客运量分别占到85.8%和86.7%以上，且其在全国各个省份均有广泛地分布，从而具有较强的整体代表性。

样选择存在一定的不足。最主要的缺陷是将公路基础设施作为一个指标并不完全准确，因为公路包括收费公路和免费公路两类，其在要素流通过程中，由于要素本身的价值以及其在生产中所蕴含的“时间 - 空间”价值存在差异，要素流动过程中收费公路和免费公路由于存在经济成本差异，会直接影响不同要素的流通效率。综上所述，本文倾向于将公路基础设施分为收费公路（以高速公路为主）和免费公路两类，以此来作为公路基础设的代理变量。同时，本文的研究是以省市等行政区域单位作为样本，中国大陆不同省市之间的地理面积大小差距明显，为了能更准确地衡量各样本交通基础设施的存量，对于交通基础设施的衡量可以从单位面积的存量的角度来进行相关测度。这其中以文东伟（2011）[111]的研究最为典型，他们通过交通基础设施密度来作为代理变量，也就是用公路、铁路和内河航道里程之和除以各省份的国土面积来进行计算。本文同样用交通基础设施的密度，即单位面积交通基础设施的存量来作为代理变量，这样更符合其在经济生产中的角色。另外，根据刘秉镰等人的研究，公路和铁路客货量分别占全社会客货量的 85.8% 和 86.7%，余下约 15% 的运输量如果完全不纳入本文的实证验证，将对结果产生一定的误差，此外，考虑到数据的可得性及分布合理性，本文将增加水运基础设施而不纳入航空基础设施①。

$$\text{Transinfra} = \frac{mileage}{area} \tag{4.13}$$

综合前文研究及式 4.13，我们构建出本文的交通基础设施变量指标：

---

① 本文纳入水路运输基础设施变量原因有二：首先中国由于不同省市的地理特征差异巨大，水域分布面积较为广泛，该变量的引入能降低实证结果的偏误；其次水运既包括内河运输又包括海运，而海运以跨国物流为主，本文研究国内区域经济一体化，内河运输具有较强的实际意义，因此引入水运基础设施。

表 4.3 交通基础设施代理变量指标

一级指标	二级指标	三级指标	四级指标
交通基础设施	公路基础设施	收费性公路基础设施	单位面积高速公路密度
		免费性公路基础设施	单位面积其他公路密度
	铁路基础设施	铁路基础设施	单位面积铁路密度
	水运基础设施	内河航道基础设施	单位面积内河航道密度

注：交通基础设施里程数计量单位为万公里，面积计量单位为万平方公里。

第五章　交通基础设施与市场一体化

中国经济改革的制度基础可以概括为“向地方分权的权威制度”，即中央向地方经济分权的同时，也维系了高度集权的政治体制（Xu，X.，2002）[112]。在经济发展中，经济分权给予了地方政府相当高程度的经济自主权以追求辖区经济的发展，地方政府在市场维护和经济建设之中所扮演的“援助之手”的角色成功推动了中国经济连续30多年的高增长。但是，地方政府之间的政治因素及地方保护主义也造成了各地之间较为严重的地方市场分割现象。我国的地方保护主义和市场分割不但造成了各地方的重复建设和经济结构趋同，而且降低了资源配置的效率，分割市场的效率损失甚至可能占到了地方生产总值的20%左右（郑毓盛，2003）[113]。因此，如何打破地方市场分割的结构性失衡，进一步地去优化整个市场的统一性、完整性、结构性，从而提高经济的资源配置效率是目前发展阶段中至关重要的问题。与此同时，作为商品流通的基础，交通基础设施对于促进市场统一的重要性也是不容忽视的（黄寿峰，2012）[114]，所以有必要去厘清现阶段中国各个区域交通基础设施对市场一体化的影响路径和机制。

本章试图对中国大陆31个省（市、自治区），东部、中部、西部三个区域以及长三角、珠三角和环渤海三个城市群的市场分割指数进行测算，在此基础上，进一步研究中国交通基础设施对市场一体化的影响。以期在以下几个方面有所贡献：①以往研究在讨论中国的市场分割时多是以省为单位，考察地理位置相邻省份的市场分割情况，存在一定的局限性和系统性的偏差。为了提高研究的严谨性与科学性，本文分别对31个省份，东部、中部以及西部三个区域和长三角、环渤海以及珠三角三个城市群展开研究，运用计量模型计算按照三种分类情况下交通基础设施对市场分割的影响。②为了保证结论的可靠性，本文将样本根据地理特征及经济发展水平分为三个区域，从多角度进行稳健性检验，并分别从时间和空间两个方面入手，研究交通基础设施对市场分割的影响。③考虑到以往对于交通基础设施这一指标的测量主要从年度投资和总体存量情况进行考察，存在很大的局限性，本文选择通过不同类型的交通基础设施存量来研究其对市场分割的影响，既是研究的前提也是思路的拓展，提高了研究的科学性与针对性。

关于中国市场分割的研究，近年来虽已逐渐进入国内外学者的视线，但研究的结论并不一致。有的学者认为中国的市场分割在近年来呈现出逐步弱化的趋势，同时也有部分学者认为中国各地方政府出于对本地经济发展成果的保护角度，在人为的设置贸易壁垒，从而促使国内市场分割再加深。此外，相关的研究还须进一步细化，尤其是对于交通基础设施与市场分割的弱化效应研究仍然缺乏更加深入细致的讨论。鉴于改革开放后特别是 21 世纪以来所面临的新背景与新形势，中国政府对于交通基础设施的投入一直在各级财政支出中占据较大比例，各地的陆上、水上和空中交通基础设施网络也同时愈加完善。对于交通基础设施与市场一体化之间究竟存在怎样的因果关系，中国大陆各省市是否可以通过进一步完善交通基础设施的建设网络来推动区域市场的一体化进程，需要科学和严谨地去论证。因此，在现有研究的基础上，本研究把交通基础设施作为研究市场一体化的解释变量，分别在中国大陆 31 个省份、三大地理区域以及国内三个较为重要的城市群，即长江三角洲城市群、环渤海城市群和中原城市群的所辖城市展开。对交通基础设施在省际、区域、城市群内部以及各城市群间对市场分割的弱化效应进行检验，以期为完善中国交通基础设施建设与经济的良性发展提供经验证据。

5.1 指标的选取及测算

在完全竞争的市场环境下，各地的市场应当是趋于整合的，此时商品价格的影响因素只取决于成本。而商品销售自由竞争的结果就是各个地方的商品利润率逐渐趋于一致，此时市场分割消失。本章关于交通基础设施的指标体系遵循本文第四章的设定。

对于市场分割的测度，目前已有研究中对市场分割的测算方法应用较为广泛的有三种：贸易法、生产法以及价格法。以 Nauhgton，B. 与 Poncet（1999）[115]为代表的学者们认为贸易流量的变化更为直接地反映了区域间市场的整合状况，所以选择用省际间贸易流的数据进行研究。但影响贸易流量大小的因素有很多，除了两地间市场整合度的变化以外，要素禀赋、规模经济等的变化也会导致贸易流改变，在做回归处理时，如果不能很好地控制这些变量，极有可能产生不可靠的计量结果。另外，贸易流也容易受到商品替代弹性的影响，若两地之间的商品具有高度的替代弹性，则微小的价格调整也会带来贸易流量的大幅变动。不同于贸易法，生产法则是利用产出结构、生产效率等手段衡量区域间市场整合程度，从生产领域来考察地方保护与市场分割程度（白重恩，2004）[116]。白重恩对中国各产业空间集聚现象的影响因素进行研究，他发现中国的制造业有显著的空间集聚现象且呈现出上升趋势。在对地方保护主义在产业集聚中的因素进行研究时，通过对数据集的动态估计，他得出了与 Alwyn Young（1994）[117]完全不同的结论。在研究结论中，他指出那些贡献更多税收以及国有资本占比较大的产业往往更容易受到地方保护主义的影响，从而导致这类产业的地区集聚程度较低。另外，也有学者从生产可能性前沿展开研究，运用包络数据分析法来计算产业的整体技术效率，再分解成省内技术非效率或要素配置不合理导致的产出结构不合理因素，以此来衡量地方保护和市场分割导致的产出损失。而价格法的主要观点是市场可以分为商品市场和要素市场两大类。当要素流动存在障碍时，若商品能够自由流动，商品的价格会趋同；而当商品流动存在障碍的时候，只要要素能够自由流动，商品的价格最终也将趋同。所以，通过使用价格信息构造指标的方法来衡量市场整合是判断市场整合程度较为合理且容易实现的方法。

为了准确衡量交通基础设施对市场分割的弱化效应，在已有解释变量的基础上，本文还引入了四个控制变量。包括：①本地的贸易开放程度，贸易开放程度的决定因素较为复杂，既包括地方政府的贸易保护政策，又包括本地民众对于产品的偏好，因此，其具体计算方法为本地年度进出口总额与本地本年度 GDP 的比值。②从业人员机会成本，考虑到商品销售的利润包含企业主及工人人力资本的机会成本，因此，本文选取全年平均工资作为测量指标。③财税性壁垒，由于本文研究对象包括不同省市和地区，各地的财政及税收政策存在一定差异，为了衡量政策性壁垒，选取年度地方财政支出与 GDP 的比值作为衡量指标。④市场分割的滞后期，考虑到市场分割的持续效应，故将市场分割的滞后期也引入作为控制变量。

5.1.1 市场分割的测定

商品价格信息所反映的市场整合程度能够综合地反映要素和商品市场的整合程度，但考虑到实证研究的复杂度以及篇幅的限制，无法将全部的商品纳入模型中。所以，文中在计算市场分割过程时，市场分割的衡量指标选取代表性商品的价格指数[①]作为测度对象，包括：粮食、生鲜、烟酒饮品、服装、药品、日用品以及电子产品。

价格法的计算方法：$Var(p_i / p_j)$，其中 i 和 j 分别代表同一种商品在两地的价格，t 代表时间节点，所以两地价格可分别表示为 p_{it}，p_{jt}，对价

---

① 从研究思路来看，早期有学者直接利用价格差异估计边界效应的理论模型暗含了市场一体化的前提假设，实际上，在市场分割条件下价格差异和边界成本的关系发生了变化，价格差异不再适合用于直接估计边界效应，Evans（2003）曾指出直接采用观测的价格差异代替交易成本造成了样本选择偏误，所以本文选择用商品的价格指数作为测量指标。

格的比值取自然对数：

$$\Delta Q_{ijt}^{k} = \ln\left(\frac{p_{it}^{k}}{p_{jt}^{k}}\right) \tag{5.1}$$

然后作一阶差分：

$$\Delta Q_{ijt}^{k} = \ln\left(\frac{p_{it}^{k}}{p_{jt}^{k}}\right) - \ln\left(\frac{p_{it-1}^{k}}{p_{jt-1}^{k}}\right) \tag{5.2}$$

进一步计算可以得出

$$\Delta Q_{ijt}^{k} = \ln\left(\frac{p_{it}^{k}}{p_{jt}^{k}}\right) - \ln\left(\frac{p_{it-1}^{k}}{p_{jt-1}^{k}}\right) = \ln\left(\frac{p_{it}^{k}}{p_{it-1}^{k}}\right) - \ln\left(\frac{p_{jt}^{k}}{p_{jt-1}^{k}}\right) \tag{5.3}$$

采取去均值方法消除与这种特定种类商品相联系的固定效应，$\mathrm{Var}\left(q_{ijt}^{k}\right) = \mathrm{Var}\left(\left|\Delta Q_{ijt}^{k}\right| - \left|\bar{Q}_{t}^{k}\right|\right)$，将样本选取的国内 31 个省份和 41 个城市的相对价格指数求取均值，各省市的分割指数与均值的方准差即为该地的市场分割指数。

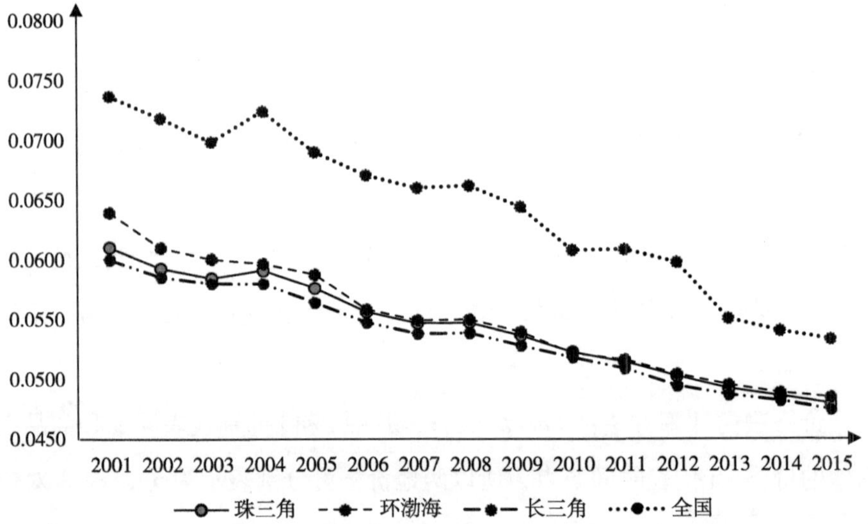

图 5.1 市场分割指数

为了更为直观地展示所选样本 2001–2016 年商品的市场分割情况，对所选三大城市群之间以及全样本市场分割数据绘制趋势图[①]。通过图5.1可以看出，所选样本所涵盖的省市，全国和三个城市群的市场分割指数在波动中减小。2001年各市的分割指数均大于0.06，其中珠三角的市场分割指数达到0.07，而到2016年全样本市场分割指数已低于0.05，各城市群内市场分割指数降幅也均超过20%，说明在这16年间，中国各区域的市场分割情况均呈现出大幅弱化的现象，全样本的最终产品价格趋近，商品市场趋于统一。这一结果虽然与Young的研究结论不同，但与近年来国内主流研究学者的结论一致。另一方面，分区域看全国的市场分割指数一直远超三个城市群，虽然超过的幅度从15%降至不足8%，但其市场分割情况相较于经济较为发达的环渤海、长三角以及珠三角三个城市群仍比较严峻。究其原因，不仅是经济发展不平等的原因，更有可能是基础设施发展滞后、地理结构差异以及政策开放度等多方面因素综合作用的结果，这也是本章所要探讨的重点内容之一。

5.1.2 交通基础设施描述性统计

交通基础设施建设的最终目的是为要素、产品和技术的流通提供支撑，本文前文构建的指标体系选择按照实际各地单位面积上交通基础设施的存量来计算解释变量。另外，考虑到高速公路与普通公路在运输效率及运输特征上有较大差距[②]，本文的交通基础设施指标及具体算法如下[③]：

$$e_{in} = \frac{tv_{in}}{area_i} \tag{5.4}$$

---

① 由于本文研究样本分别为31个省份、三大地理区域以及三大城市群，考虑到文章篇幅以及展示效果，本文中不再将所有省市的市场分割情况列出，仅将三大城市群之间以及全样本市场分割情况列示。

② 由于高速公路的运行速度更快，但存在较高的过路费，所以本文将高速公路密度与普通公路密度分开作为两项交通基础设施指标。

③ 作为基础设施的航空运输，由于机场数量在各城市间差异并不大，且以航线作为基础设施指标也并不准确，故在航空运输基础设施测量方面存在较大难度，而且数据也并不准确。所以本文在衡量交通基础设施的指标中，并未将航空运输考虑在内。

其中 e_{in} 表示第 i 个城市第 n 种交通基础设施密度，tv_{in} 表示第 i 个城市第 n 种交通基础设施存量，$area_i$ 表示城市的土地面积。

表 5.1　交通基础设施存量

时间	铁路	高速公路	普通公路	内河航道
2001	0.508	0.619	1.082	0.049
2002	0.523	0.661	1.291	0.052
2003	0.555	0.707	1.399	0.054
2004	0.558	0.686	1.510	0.051
2005	0.599	0.789	1.617	0.061
2006	0.635	0.865	2.123	0.064
2007	0.681	0.835	2.334	0.071
2008	0.729	0.928	2.436	0.075
2009	0.840	1.016	2.540	0.087
2010	0.939	1.226	2.744	0.101
2011	1.125	1.310	2.754	0.092
2012	1.336	1.331	2.862	0.098
2013	1.507	1.424	3.168	0.103
2014	1.554	1.462	3.175	0.124
2015	1.663	1.543	3.210	0.156
2016	1.785	1.554	3.237	0.166

注：数据来源于《中国城市统计年鉴》和《中国交通统计年鉴》。

从表 5.1 中可以看出，2001–2016 年这 16 年间公路和铁路的基础设施存量总体呈上升趋势。高速公路基础设施密度从 2001 年的 0.51 和 0.62 分别上升到 1.66 和 1.44，而铁路基础设施密度也从 0.08 和 0.05 分别上升到 0.21 和 0.16，这与近些年国家逐年增加基础设施投资有直接关系。分类型看，公路基础设施的存量仍远高于铁路基础设施存量，这与各自的特征有直接关系。公路运输无论是客运还是货运，都以中短途运输为主，周转率较高，而铁路客货运主要是长途运输，所以公路运输看似远比铁路运输“繁忙”，各地对公路路网的建设意愿更强烈。铁路与高速公路基本处于同步上升趋势，普通公路和内河航道的增速要相对缓慢，但是普通公路基础设施存量增速在16年间发生较大变化，2011年之后普通公路密度增速明显趋缓。考虑到高速铁路的投入运营时间，可以看出随着高速铁路的快速发展，其对公路客运的替代效应开始逐渐凸显。由此本文认为，在分析交通基础设施对市场分割的影响时，有必要分时间段展开，从而更准确地估计与区分不同类型交通基础设施在各地区对市场分割的影响。

5.1.3 其他控制变量

根据前文假设，在研究交通基础设施对市场分割的效应时加入四个控制变量，分别是：贸易开放度、财税自由度、工资性收入以及市场分割指数的滞后期。市场分割指数的滞后期主要是对消费者行为习惯、地方风俗性偏好和其他无法精确性衡量但又对市场分割产生具有持续性影响的因素进行控制，本文将其进行滞后一期处理然后作为控制变量引入。此外，贸易开放度、财税自由度、工资性收入也随着时间的推移以及经济发展水平、中央政策的变化而变动，因此，本文对相关变量进行取对数处理。具体结果见表5.2：

表5.2　控制变量统计结果

时间	分割滞后期	工资性收入	财税自由度	贸易开放度
2001	0.063	0.089	0.052	0.014
2002	0.061	0.090	0.046	0.014
2003	0.059	0.092	0.047	0.015
2004	0.058	0.093	0.042	0.016
2005	0.059	0.094	0.048	0.016
2006	0.058	0.096	0.046	0.017
2007	0.056	0.097	0.042	0.017
2008	0.055	0.099	0.042	0.018
2009	0.055	0.100	0.047	0.018

续表

时间	分割滞后期	工资性收入	财税自由度	贸易开放度
2010	0.054	0.102	0.052	0.018
2011	0.052	0.103	0.060	0.019
2012	0.052	0.104	0.055	0.019
2013	0.050	0.106	0.051	0.020
2014	0.049	0.107	0.055	0.020
2015	0.049	0.108	0.056	0.021
2016	0.048	0.110	0.057	0.021

注：数据来源于《中国统计年鉴》和《中国城市统计年鉴》。

从表 5.2 中可以看出，工资性收入随时间的变动在逐步上升，这是经济发展所带来的结果。另外，人力资本作为商品最终销售价格成本的一部分，考虑到 2001–2016 年中国通货膨胀率最低值为 –0.8%，最高值为 5.9%，十六年的平均通货膨胀率为 2.38%[①]。根据表 5.2 进一步计算可以得出：2001 年至 2016 年全样本工资性收入年均增长率超过 8%，人力资本的价格涨幅远超通货膨胀。这说明人力资本是影响商品最终价格的重要成本来源，并且其所占比重也在不断上升。在财税自由度的量化指标测量中，2001 年自由度值为 0.052，到 2016 年该数值变为 0.057，由此可见，在 2001–2016 这十六年间其增长是有限的。根据描述性统计结果，财税自由度的最大值和最小值分别 0.060 和 0.042，其均值和中位数分别为 0.048 和 0.051，说明整个统计期内并没有表现出规律性的增大或减小。造成该结果出现的原因有两种可能：一是本文中数据统计来源的精确度有待提高，二是 2001–2016 年这个时间段内，各地财税政策自由度并无实质性的变革[②]。考虑到自 1994 年中国分税制改革后，中央并没有在税改方面做出较大调

① 数据来源于中国统计年鉴 2001–2016

② 2015 年 12 月，中共中央办公厅、国务院办公厅发布《深化国税、地税征管体制改革方案》，要求理顺征管职责划分、优化税务组织体系，这是 23 年来再次税改。此次改革是否会产生进一步影响将在后续研究中作深入探讨。

整，本文认为第二种可能性更大，因此不同城市特别是分属不同省份的财税政策自由度变化情况将在后文进一步探讨。表 5.2 中还可以看出在贸易开放度指标测量中，2001–2016 年期间，全样本贸易开放度测量指数在逐步增大，这说明本文所选取的研究对象在十六年间对外贸易比重在逐步增加。全样本地区贸易开放度也从 0.014 上升到 0.021，增加幅度超过 40%，而不同城市特别是分属不同省份的对外贸易开放度变化情况也将在后文进一步探讨①。

5.2 理论分析：运输成本与市场分割

交通基础设施对市场分割的影响一直是经济学家们所关注的重要内容，但大多数学者都采取类似于牛顿式的处理，在假定经济均衡模型中将交通基础设施作为外生变量引入（ELI.Heckscher，1949）[118]。对此艾瑞克·谢泼德（1988）[119]曾提出内生性见解，他主张将交通基础设施作为一种商品来看待，而不同的交通 – 物流成本决定着相对的物品可达性，并且提出应将地理性距离看作是由交通基础设施生产出来的，应当将其作为商品生产的内生变量。此外，交通基础设施本身作为商品生产的内生成本变量会对商品的最终价格产生影响，交通运输效率改善所节约的时间成本同样也需要考虑。荣朝和指出物流的时空价值，也就是交通运输所带来的时间机会成本，可以通过时间的货币替代率进行衡量。在此基础上，本文认为交通基础设施对商品的最终价格影响既有作为生产要素的内生变量部分，也有运输中时间机会成本的外生部分。因此，假设交通基础设施在商品生产到销售过程中的全部货币价值为：

$$p = f\left(tr\right) \tag{5.5}$$

① 由于文章篇幅限制及论文的精炼要求，各指标的均值、极值、增幅以及中位数等描述性统计结果表格不再展示，具体可参见附件数据。

由于交通运输所节约的时间机会成本在不同领域存在一定差异，因此可以从节约时间所带来的实际收益视角来研究交通的时间价值。例如，在交通－物流的评价中通常借助因项目实施导致交通时间节约而产生的社会效益来计算交通基础设施的产出。在客运中采取生产法计算旅途中交通基础设施的时间价值，一般采用年总产值除以全体劳动者的总数和工人的年平均工作时间，然后针对各地不同的情况有时会给当地的人均工资赋予一个权重系数以提高研究的严谨性。而货物运输中交通基础设施的时间价值则往往用在途货物的平均价格乘以货物运输时间来计算，在此基础上再乘以社会折现率。基于此，本文根据铁路（hp）、高速公路（hf）、普通公路（rf）以及内河航道（rp）的特点得出交通基础设施的最终商品价格为：

$$p\left(tr\right)=f\left(rp,hp,rf,hf\right) \tag{5.6}$$

以铁路基础设施为例，单一交通基础设施在商品价格的边际贡献率即为：

$$p'_{rp}=\frac{\partial p}{\partial rp}=\frac{\partial f(rp,hp,rf,hf)}{\partial rp} \tag{5.7}$$

在市场中，最终商品的价格包含商品的成本和利润，而商品的成本既包括生产该商品的生产资料成本，还包括商品的运输成本与劳动力的价格成本，所以商品价格即为：

$$P=p_A+p_F+p_{TR} \tag{5.8}$$

假设商品的生产和消费在两个不同的地区，而从生产到最终消费整个过程中既有人员的流动又有商品的流动，则可以进一步得出该商品最终销售价格为：

$$P=p_A+p_F+\frac{\partial f(rp,hp,rf,hf)}{\partial rp}+\frac{\partial f\left(rp,hp,rf,hf\right)}{\partial rf} \tag{5.9}$$

假设在完全竞争市场，商品生产的要素以及劳动力的价格均为市场的均衡价格。由此，商品产出地和商品销售地之间的价格差异来源即为：

$$\Delta P = \frac{\partial f(rp, hp, rf, hf)}{\partial rp} + \frac{\partial f(rp, hp, rf, hf)}{\partial rf} \tag{5.10}$$

所以，在完全竞争市场中，根据要素禀赋论，在各地开展不同的生产活动，如果不同城市的市场不存在人为分割因素，商品的价格差异即为商品从生产地到最终销售地的广义交通运输成本①。然而，就本文所了解到的实际情况是：在现实生活中，市场并不是完全竞争的，而且各地市场间也存在一定程度的分割，所以影响市场一体化的因素也并不仅仅是交通基础设施。因此，本文在研究交通基础设施对市场分割的效应中引入其他几个控制变量。

中国的财政分权制度本意是强化地方政府财政支出的相对自由并产生一定的激励效果。然而这也导致了各地方政府为了保护本地的资源、就业、市场以及税收，各地根据自身的特征设定不同的财税政策，从而产生财税壁垒，进而间接地导致了市场分割，所以财税自由度也是导致不同地区商品价格差异的源头。此外，基于对本地产业或产品的保护，地方政府会对异地品设置一定的贸易壁垒，包括有形的壁垒以及无形的信息不对称等间接性壁垒。在人员流动方面，由于中国独特的户籍制度，一方面各地方政府既会从保护本地市民就业的基础上针对外地人员的流入及他们在本地所能享受到的社保、医疗、子女教育方面进行限制，从而产生一定的“排外”效果；另一方面由于考虑到长期可持续发展的特点，各地纷纷将经济发展重点放在具有高技术含量的领域，为了推动技术流动，各地政府在对于技术人才引进方面不遗余力，制定一系列技术人才“落户安家”的优惠政策，这就产生网络性的负效应。综上所述，在考虑财税自由、贸易开放以及人员流动的基础上，本文设定市场分割的主要来源：

$$\Delta Q = g(WA,\ FP,\ OD,\ P(TR)) \tag{5.11}$$

① 本文中广义的交通运输成本为交通运输行为本身的成本加上运输活动中所附带的时间机会成本，即本文第五章中的交通—物流成本。

其中 WA 是劳动力价格，FP 为财税政策自由度，OD 为贸易开放度，$P(TR)$ 为广义交通基础设施价格。为了更直观地展示局域市场一体化中生产过程的变化，我们假设区域内由三个成员组成，则生产的局部均衡变化可以用图 5.2 进行表示：

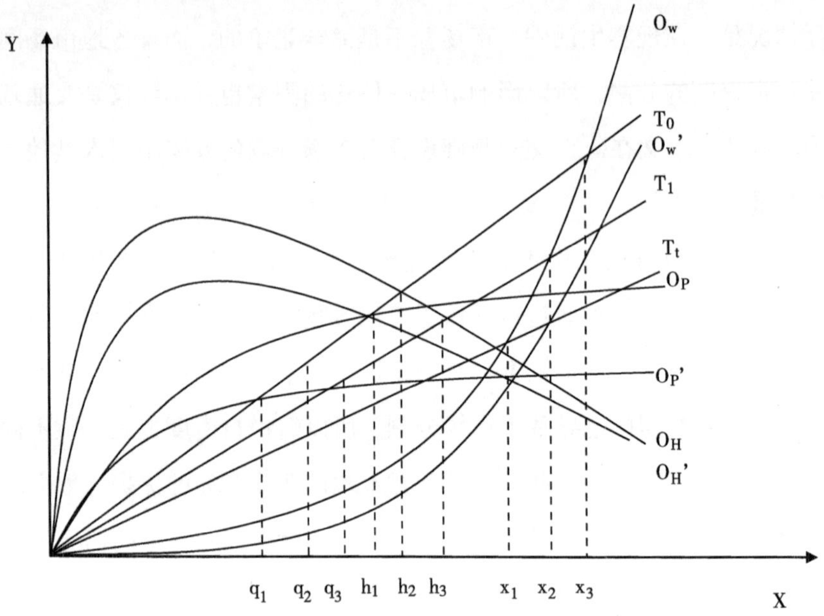

图 5.2　市场一体化过程中的局部均衡

图中 O_H，O_P 和 O_W 分别代表区域内三个成员的原始产出曲线，O_H'，O_P' 和 O_W' 分别代表区域内随着市场一体化的发展，商品流通成本降低后的生产曲线。T_0，T_1 和 T_t 分别代表区域内不同成员间的贸易条件，即本地对外商品流出和从外向内商品流入的比值，q_1，q_2，q_3，h_1，h_2，h_3 和 x_1，x_2，x_3，分别表示区域内三个成员之间在特定贸易条件下商品流动的均衡状态。从图 5.2 中可以看出：①在假设区域内各成员的生产产品有差异，O_H'，O_P'，O_W' 与 O_H，O_P，O_W 均不重合，这说明商品流通成本会对各成员的生产曲线产生直接影响。②当贸易条件发生变化时，生产曲线与贸易成本相交点的横坐标 q_1，h_1，x_1 产生明显的位移，这说明区域内不同省市之间流动的产品数量发生变化。且 $q_3 > q_1$，$h_2 > h_1$，$x_3 > x_1$，即随着贸易成本的下降产品流通数量增加，三个区域内厂商的产出也相应地增加。③由于市场一体化的过程能对区域内贸易条件产生直接影响，交通基础设施对产品流通过程中的交通－物流成本有直接的影响，同时交通基础设施对流通成本的影响又改变了各地区的生产曲线。当物流成本下降时，厂商产出明显增加，随着边际成本的下降，各地间产品的价格将会逐步趋于一致，当区域内各地间的产品价格不存在差异时，该区域就达到了完全市场一体化状态，由此可以看出，交通基础设施对区域市场一体化有着直接的影响。

5.3 实证分析

本文的研究对象为中国大陆 31 个省份，东部、中部、西部三个区域以及国内较为成熟的长三角、环渤海和珠三角所涵盖的 41 个城市，由于是统计期长达 16 年的面板数据，故在模型中将采用面板分析模型。首先对解释变量、截距项进行验证以确定具体模型选取，本文根据交通基础设施对市场分割的影响假定以下模型：

$$SI_{it} = \partial_0 + \sum \beta EV_{it} + \sum \theta CV_{it} + \gamma SI_1 + \epsilon_{it} \qquad (5.12)$$

其中 SI_{it} 为被解释变量，EV_{it} 为解释变量，CV_{it} 为控制变量，∂_0 为常数项，ϵ_{it} 为随机扰动项，根据面板模型带入本文所选取的解释变量及控制变量：

$$SI_{it} = \partial_0 + \beta_1 RP_{it} + \beta_2 HP_{it} + \beta_3 RF_{it} + \beta_4 HF_{it} + \theta_1 WA_{it} + \theta_2 FP_{it} + \theta_3 OD_{it} + \gamma SI_1 + \alpha_i + \epsilon_{it} \qquad (5.13)$$

其中 i 表示城市（i=1，2，3...50），t 表示年份（t=2001，2002…2015），β_0，β_1，β_2，γ 为待估参数矩阵，α_i 表示每个城市的特征差异，

ϵ_{it}为随机扰动项。

被解释变量SI_{it}为样本中第i个城市的第t年市场分割指数，为各地市市场的分割情况，RP_{it}、HP_{it}、RF_{it}和HF_{it}分别表示第i个城市的第t年单位面积的铁路客运量，公路客运量，铁路货运量以及公路货运量，为本模型的关键解释变量。WA_{it}、FP_{it}、和OD_{it}均为模型的控制变量，分别表示人力成本、财税政策自由度以及外贸开放度。式 5.13 的目的是估计出β_1、β_2、β_3、β_4的符号、大小以及检验统计上是否显著，据此分析各项交通基础设施对弱化市场分割的影响。

由于影响市场分割的因素很多，除文中所纳入的解释变量以及控制变量外，仍有无法观测因素，如自然性分割、消费者习惯以及规模效应所引致商品进入市场的壁垒等。同时，本文的研究对象虽然都为中国大陆境内的城市，以期在最大程度上削弱以上这些无法观测的变量对市场行为的影响，但仍无法完全排除，故在式 5.13 中加入控制变量SI_1以尽可能地降低该影响。该控制变量表示第i个城市在t-1期的市场分割指数。计量方程中的α_i表示与特定样本有直接关系且无法直接观测的变量，而ϵ_{it}则表示随机扰动项。根据本文假设模型，由于α_i并不是直接观测变量，而且它作为常数项，与解释变量之间可能是相关的。所以，如果我们仍然使用*OLS*进行模型估计所得到的结果就是有偏误的。故将市场割滞后期作为解释变量引入模型，其中SI_{it}为被解释变量，EV_{it}为解释变量，SI_{it-1}为被解释变量滞后期，CV_{it}为控制变量，∂_0为常数项，ϵ_{it}为随机扰动项，构建静态面板模型，可以得到式 5.14：

$$SI_{it} = \partial_0 + \sum \beta EV_{it} + \sum \theta CV_{it} + \gamma SI_{t-1} + \epsilon_{it} \quad (5.14)$$

另外，市场分割具有较强的可持续性，且交通基础设施作为存量也存在时间上的自相关。传统的静态面板模型将要面临解释变量以及被解释变量之间的内生性问题，为了解决内生性所带来的估计偏误，本文对 GMM

动态面板模型进行实证分析，我们对式 5.14 进行差分处理并选取一阶滞后值作为工具变量，构造出式 5.15：

$$SI_{it}-SI_{it-1}=\beta\sum(EV_{it}-EV_{it-1})+\theta\sum(CV_{it}-CV_{it-1})+\gamma(SI_{t-1}-SI_{t-2})+\Delta\epsilon_{it} \tag{5.15}$$

本章利用统计分析软件 stata15.0 对方程 5.15 进行估计，差分 GMM（DIF-GMM）动态面板模型计量分析的报告结果如表 5.3 所示：

表 5.3　交通基础设施对弱化市场分割的效应

解释变量	全样本	东部	中部	西部
铁路	-0.110*	-0.626***	-0.065**	0.193
	（0.059）	（0.003）	（0.046）	（0.156）
高速公路	-0.004**	-0.002*	-0.019**	-0.017
	（0.030）	（0.098）	（0.017）	（0.221）
普通公路	0.056*	-0.034*	-0.038*	0.157***
	（0.070）	（0.051）	（0.054）	（0.007）
水路基础设施	-0.022***	-0.005***	-0.003***	-0.032***
	（0.001）	（0.007）	（0.008）	（0.006）
劳动力报酬	-0.655***	-0.715***	-0.661***	-0.611***
	（0.000）	（0.000）	（0.000）	（0.000）
财政自由度	-0.021**	-0.017	0.023*	-0.001*
	（0.043）	（0.191）	（0.058）	（0.097）
地方开放度	-0.092	0.168**	-0.054***	0.095**
	（0.231）	（0.017）	（0.007）	（0.048）
市场分割滞后期	0.541***	0.466***	0.504***	0.751***
	（0.000）	（0.000）	（0.000）	（0.000）
常数项	0.119***	0.124***	0.120***	0.114***
	（0.000）	（0.000）	（0.000）	（0.000）
组内 R^2	0.196	0.197	0.195	0.196
F 值	26.6	30.83	18.05	11.33
hausman 值	25.05	41.26	13.18	37.53

续表

解释变量	全样本	东部	中部	西部
P 值	0.000	0.000	0.070	0.000
观测数	694	195	239	267

注:(1)*、** 和 *** 分别表示显著性水平为 10%、5% 和 1%(双侧),模型中括号里的为 P 值;(2) Hausman 检验的零假说是 FE 与 RE 的估计系数没有系统性差异,下同。

通过表 5.3 的估计结果可以看出:①全样本数据回归结果与各城市群的回归结果并不完全一致,其中,铁路基础设施全样本及西部地区的模型估计 P 值分别为 0.059 和 0.156,说明在 5% 的显著性水平下并不显著,而在东部地区和中部地区的该估计值的 P 值分别为 0.003 和 0.046,均显著,说明铁路基础设施在东部地区和中部地区对市场分割具有显著影响,在西部地区则并不显著。其他各项解释变量的估计结果也印证这一结论,即由于地理位置、市场成熟度以及各城市群的自身特征使交通基础设施对市场分割的效用不完全相同。水路基础设施以及高速公路也存在相似情况,高速公路在全国范围内以及东部地区的估计 P 值分别为 0.027 和 0.035,估计系数均为负,说明公路客运效率对市场分割的效应显著,且弱化了城市间的市场分割程度,这样的结果与该阶段铁路运输的特征相关。②普通公路对市场分割的弱化效应在东部、中部和西部三个区域内以及全国范围内均较为显著,这是因为相较于大宗商品的长距离为主、时效要求较低、成本控制较低的特点。一般最终消费品更要求运输效率,且极少出现有重载化要求的情况。所以,普通公路运输的一般为最终消费品,这也导致了普通公路对商品的市场分割影响更为显著。在全样本以及各区域的模型估计中,普通公路对市场分割的效用显著性水平均小于 0.05,且估计系数均为负值,这说明提升普通公路密度能在全国普遍的范围内有效地改善市场分割情况。③个人工资收入对市场分割的显著性水平在全样本以及各区域内部的估计 p 值均为 0.000,这说明个人工资收入对市场分效应显著,且通过估计系数为负值可以得出个人随着收入的增加，对市场分割具有显著的弱化效应。产生这一现象的原因是随着个人收入增加，个人的可支配收入也在增加，在最终商品终端销售中劳动力成本的比重在增加，在一定程度上削弱了其他因素的影响。随着各地人力成本的普遍上涨，其相对差距逐渐缩小，这也导致最终商品的终端销售价格差距缩小，因而弱化了市场分割现象。④在财税政策自由度估计中，结果显示在全样本中财税政策自由度对市场分割的影响显著水平为0.043，且估计系数为负值，这说明随着各地财税政策的放开，市场分割程度呈现逐渐弱化的趋势。而在各城市群内部的该观测变量显著性水平均大于0.05，其对市场分割的作用并不显著，产生这一结果的原因是环渤海、长三角以及珠三角自制定一体化发展目标以来，各省市在制定财税政策时保持一致性，而城市群外部就并非如此。外贸自由的城市群内部与全样本估计显著性相悖也是类似原因（全样本估计下，P值为0.23，三个城市群内部该值分别为0.017、0.007、0.048），这也使得在各城市群内部，运输成本对市场分割的影响权重更大，随着交通基础设施效率的提高，对市场分割的弱化效应更为显著。

5.3.1 稳健性检验

由于面板数据是二维的，既包含时间要素、还包含个体要素。因此在面板数据的时间维度上，所有的个体都具有一个独有的特征对解释变量产生影响，而且这个特征具有持续性，能在整个时间维度上伴随着该个体且独立于其他个体，我们通常假设不同个体之间的扰动项是相互独立的。为了辨别相同个体内部的扰动项是否相关，本文在进行面板数据的回归时要考虑是否存在扰动项异方差，因此对模型进行聚类稳健标准误检验。从表5.4的检验结果可以看出，主要解释变量中铁路、高速公路以及普通公路的显著性水平P值分别为0.259，0.767和0.426，都远大于0.05，而内河航道的显著性水平为$P=0.010<0.05$，这一结果与方程5.13的差分动态面板模型估计结果一致，所以本文认为原设计的估计模型及变量的估计结果是稳定的。

表 5.4　聚类稳健标准误检验结果

分割指数	Coef.	Std. Err.	t	P>|t|	[95% Conf. Interval]	
铁路	-0.0280	0.0247	-1.13	0.259	-0.0768	0.0208
高速公路	0.0006	0.0021	0.30	0.767	-0.0036	0.0049
普通公路	0.0092	0.0115	0.80	0.426	-0.0136	0.0321
水路设施	-0.0037	0.0023	-3.62	0.010	-0.0083	0.0008
劳动力报酬	-0.0884	0.0169	-5.23	0.000	-0.1218	-0.0550
财税自由度	-0.0022	0.0048	-0.47	0.636	-0.0118	0.0072
地区开放度	0.0132	0.0254	0.52	0.602	-0.0369	0.0635
分割滞后期	0.8438	0.0230	36.58	0.000	0.7982	0.8894
常数项	0.0164	0.0028	5.69	0.000	0.0107	0.0221

为了更准确地检验实证分析的结果稳健性，本章在聚类稳健标准误检验的基础上对原模型及数据采取系统 GMM（SYS-GMM）进行稳健性检验，同样采取 stata15.0 进行模型拟合，结果为：

表 5.5　稳健性检验结果

解释变量	全样本	东部	中部	西部
铁路	-0.051**	-0.160**	-0.097**	-0.039**
	(0.021)	(0.020)	(0.045)	(0.021)
高速公路	-0.006*	-0.003*	-0.006***	-0.004**
	(0.071)	(0.078)	(0.00)	(0.047)
普通公路	-0.019*	0.064**	-0.093*	-0.061**
	(0.056)	(0.027)	(0.061)	(0.023)
水路基础设施	-0.013**	-0.013**	-0.122**	-0.017**
	(0.037)	(0.040)	(0.030)	(0.023)
劳动力报酬	-0.102***	-0.147	-0.260***	-0.037**
	(0.002)	(0.083)	(0.000)	(0.042)
财税自由度	0.004**	0.011**	0.017**	0.001*
	(0.032)	(0.011)	(0.031)	(0.087)
地方开放度	0.099*	0.278*	-0.069*	0.001*
	(0.062)	(0.055)	(0.062)	(0.054)

续表

解释变量	全样本	东部	中部	西部
分割滞后期	0.721***	0.657***	0.563***	0.751***
	（0.000）	（0.000）	（0.000）	（0.000）
AR（1）	0.023***	0.031**	0.049***	0.016**
	（0.000）	（0.020）	（0.000）	（0.041）
组内 R^2	0.195	0.197	0.196	0.195
F 值	2.12	1.8	1.49	1.48
P 值	0.000	0.015	0.007	0.494
观测数	694	195	239	267

从表 5.5 中可以看出：①铁路密度在全样本以及三区域内的估计 P 值分别为：0.021、0.020、0.045、0.021，均小于 0.05 说明铁路密度对市场分割的效应显著。而高速公路密度在西部地区中的估计 *P* 值为 0.047，在东部地区估计 P 值为 0.009，其他区域内相应 P 值也均小于 0.1，说明在全样本范围内高速公路对市场分割的效应显著，且弱化了城市间的市场分割程度。②水路基础设施对市场分割的效应仅在东部与中部地区表现得较为显著，普通公路对市场分割的弱化效应在三样本区域内均较为显著，其中东部地区的回归系数为 –0.122，对市场分割的弱化效应最显著，这与东部地区发达的公路路网有直接关系。③其他控制变量估计显著性与差分 GMM 结果基本一致。由此，我们认为表 5.4 中差分 GMM 估计结果是稳健的。

中国在 2008 年基础设施投资开始加速，并且从 2009 年开始，大陆地区陆续开通各条高速铁路①。交通基础设施作为一个非常重要的存量指标，高速铁路的投入使用必然会对运输条件特别是公众出行带来较大的改变。尤其是高铁开通后，交通基础设施对经济的发展产生了一定程度的增长效应与结构效应（王雨飞和倪鹏飞，2016）[120]。因此，本章接下来考察

① 虽然中国第一条高铁线路即“京津城际高铁”的开通时间为 2008 年 8 月 1 日，但考虑到开通到乘坐率上升的过程，以及其他高速铁路的运行时间，故选择 2009 年作为铁路格局变化的节点。

2009–2016 年高铁正式投入运营后各项交通基础设施对市场分割效应的变化情况，通过 stata15.0 进行运算后的结果为表 5.6：

表 5.6　交通基础设施对市场分割效应的动态过程：2009–2016

解释变量	全样本	东部	中部	西部
铁路	–0.051**	–0.160**	–0.097**	–0.039**
	（0.021）	（0.020）	（0.045）	（0.021）
高速公路	0.006*	0.003*	0.006*	–0.004**
	（0.071）	（0.078）	（0.090）	（0.047）
普通公路	–0.019*	0.065**	–0.093*	–0.068**
	（0.056）	（0.027）	（0.061）	（0.023）
水路基础设施	–0.013**	–0.013**	–0.122**	–0.017**
	（0.037）	（0.040）	（0.030）	（0.023）
劳动力报酬	–0.102***	–0.147*	–0.260***	–0.037**
	（0.002）	（0.083）	（0.000）	（0.042）
财税自由的	0.004**	0.011**	0.017**	0.001
	（0.032）	（0.011）	（0.031）	（0.086）
地方开放度	0.099*	0.278*	–0.069*	0.001*
	（0.067）	（0.056）	（0.065）	（0.056）
分割滞后期	0.721***	0.657***	0.563***	0.751***
	（0.000）	（0.000）	（0.000）	（0.000）
常数项	0.023***	0.031**	0.049***	0.016**
	（0.000）	（0.020）	（0.000）	（0.041）
组内 R^2	0.195	0.197	0.196	0.195
F 值	2.12	1.8	1.49	1.48
hausman 值	42.93	18.81	20.88	7.4
P 值	0.000	0.015	0.007	0.494
观测数	694	195	239	267

表 5.6 为 2009–2016 年交通基础设施及控制变量对市场分割效应的回归结果。从表中可以看出：①在 2001–2008 年，铁路基础设施在全样本以及东部中部和西部三个区域的模型估计 P 值分别为：0.021、0.020、0.048、

0.021，均小于0.05，说明随着高速铁路的发展，基础设施对市场分割的效应已经由不显著变得显著。而高速公路基础设施在中部地区回归结果的估计P值为0.047，其他区域内相应P值均大于0.05，说明只有在中部地区高速公路基础设施对市场分割的效应显著，且弱化了城市间的市场分割程度。自2008年高速铁路投入运营后，铁路客运转移了大量短途、时效性要求高以及出行成本更宽松的旅客，这更有利于人才，特别是中高层次人才的流动，进一步地，专业化人才的流动更有利于市场的融合。②铁路基础设施对市场分割的影响仅在中部地区和东部地区都表现得较为显著，这与西部地区铁路货运发展相对不发达有关。公路基础设施对市场分割的弱化效应在三样本区域内均较为显著，其中东部地区的回归系数为-0.122，对市场分割的弱化效应最显著，这与东部地区发达的公路路网有直接关系。③通过进一步对比可以发现，与2001-2016年不同的是，个人收入对于市场分割的效应在环渤海地区的估计P值为0.083>0.05，这说明个人工资在该地区对市场分割的弱化效应已经变得不显著。④贸易开放度对市场分割的弱化效应在全样本及东部和中部地区模型的估计P值均大于0.05，这并不是说贸易开放度不影响市场分割，而是极有可能在较为发达的东部地区，省市间的贸易壁垒已经相当弱，以致其对市场分割的影响已经微乎其微。同样的，这一结果在中部地区得到相同印证。虽然在该区域贸易开放度对市场分割的影响仍显著，但影响权重系数仅为0.001，说明其对市场分割的影响程度较小。

本章研究的市场分割问题主要针对商品市场，商品市场的流通一方面受交通运输条件、流通壁垒以及各地财税政策等影响，另一方面也与区域居民消费水平和消费习惯有直接关系。基于此，我们选取东部沿海相对发达的城市群长江三角洲，区域内产业结构差异较明显的环渤海经济群以及相对经济发展落后的珠三角这三大区域经济一体化政策实施时间较长的城市群作为研究对象，考察区域经济一体化的城市群内部市场一体化程度对交通基础设施之间的关系，软件回归结果为表 5.7：

表 5.7　分区域交通基础设施对市场的分割效应

解释变量	全样本	环渤海	长三角	珠三角
铁路	-0.413^{*}	-0.217^{*}	0.037^{*}	-2.440
	(0.099)	(0.066)	(0.055)	(0.080)
高速公路	-0.025^{**}	-0.028^{**}	0.000^{*}	0.002
	(0.021)	(0.035)	(0.090)	(0.988)
普通公路	0.076	0.116^{**}	-0.093^{*}	0.660^{***}
	(0.342)	(0.050)	(0.065)	(0.006)
水路基础设施	-0.098^{**}	-0.110^{***}	-0.012^{**}	-0.029^{**}
	(0.013)	(0.006)	(0.030)	(0.037)
劳动力报酬	-0.446^{***}	-0.650^{***}	-0.260^{***}	-0.583^{***}
	(0.000)	(0.000)	(0.000)	(0.000)
财税自由度	-0.074^{**}	-0.064^{*}	0.017^{*}	-0.025^{**}
	(0.050)	(0.056)	(0.061)	(0.045)
地方开放度	-0.052^{*}	0.185^{**}	-0.069^{*}	0.147^{*}
	(0.073)	(0.049)	(0.062)	(0.054)
分割滞后期	0.234^{***}	0.073^{***}	0.563^{***}	0.053^{***}
	(0.000)	(0.005)	(0.000)	(0.006)
常数项	0.085^{***}	0.113^{***}	0.049^{***}	0.108^{***}
	(0.000)	(0.000)	(0.000)	(0.000)
组内 R^2	0.185	0.189	0.196	0.185
F 值	2.83	3.59	1.49	2.89
hausman 值	99.26	30.99	20.88	38.5
P 值	0.000	0.004	0.070	0.000
观测数	656	288	208	160

表 5.7 是 2001–2016 年全样本及三个城市群中交通基础设施对市场分割效应的模型估计结果。与全国范围内不同的是：①在 2001–2008 年，铁路基础设施在全样本以及三区域城市群内的估计 P 值均大于 0.05，这说明其对市场分割的效应不显著。而高速公路基础设施在全样本以及环渤海地

区的估计 P 值分别为 0.027 和 0.035，估计系数均为负，说明高速公路基础设施对市场分割的效应显著，且弱化了城市间的市场分割程度，这样的结果与该阶段铁路运输的特征相关。在 2008 年以前，中国尚未有高速铁路正式运营，普通客运铁路虽然经历了五次提速①，但平均运行速度仍低于 80km/h，远低于公路客运速度。同时，铁路乘车的便利性要远远低于公路客运。所以，公路客运对市场分割的影响与铁路客运相比更为显著。②高速公路基础设施对市场分割的弱化效应在各样本区域均较为显著，并且系数权重在该阶段分别为 0.09、0.11、0.01 和 0.02，相较十五年统计期内的回归权重系数更大，这说明在 2001–2008 年，高速公路基础设施对市场分割的弱化效应更为显著。这是因为相较于大宗商品的长距离为主、时效要求较低、成本控制较低的特点，一般最终消费品更要求运输效率，且极少出现有重载化要求的情况，所以公路货运的主要货物为一般最终消费品，这也导致了公路货运对商品的市场分割影响更为显著。③人员工资性收入和分割指数滞后期对市场分割的回归估计 P 值均为 0.000，这与全时间段的估计结果一致，说明人员工资和市场分割滞后期对市场分割的效应是显著且持续的。

5.4 本章小结

本文利用中国大陆 31 个省份，东部、中部和西部三个区域以及长三角、环渤海和珠三角三个城市群的 41 个城市，在 2001–2016 年的交通基础设施及代表性商品数据，在统计分析软件 stata15.0 的帮助下，首先通过价格法测定各市的市场分割情况，然后利用面板数据模型测量交通基础设施对市场分割的弱化效应。结合实证分析的报告结果，可以得出以下结论

① 中国铁道部分别在 1997 年、1998 年、2000 年、2001 年以及 2005 年进行铁路运行大提速，数据来源于中国铁路年鉴。

及建议：

在中国大陆31个省份以及长三角、环渤海、珠三角涵盖的41个城市中，省市之间、城市群内部以及各个城市群之间的市场分割指数在波动中逐渐减小，说明在统计期内，各区域的市场分割情况均呈现出大幅弱化的现象。全样本最终产品价格趋近且商品市场趋于统一，这一结果也再次验证了以陈钊等领域内知名专家学者的研究结论。另一方面，分区域情况下，西部地区城市的市场分割指数一直远超东部地区，虽然也出现变弱的趋势，但其市场分割情况相较于经济较为发达的中部地区以及东部地区仍比较严峻。造成这些问题既有经济发展阶段相对落后的原因，也有交通基础设施发展滞后的原因，同时可能包括其他类型基础设施存量不足以及财税政策和贸易开放度共同作用的原因。

总体看来，交通基础设施对市场分割呈现出弱化效应，但这一效应在长三角、珠三角和环渤海这三个城市群内表现得更为显著。一方面是这三个区域人员密度更大，商品流通速度更快；另一方面是这两个地区的交通基础设施存量较大，仍然处于规模报酬递增的阶段。这也说明进一步增加交通基础设施的投入，对国内特别是相对发展落后的地区市场分割的情况能产生显著弱化作用，可以进一步促进国内商品市场的一体化，促进要素配置效率的提高。

财税自由度和对外贸易自由度对市场分割仍然有较为直接的效应。虽然在发达的环渤海和长三角地区，城市间的政策和贸易壁垒已经弱化，但在中西部发展相对落后的地区仍然是制约市场一体化的重要因素。贸易以及财政税收的壁垒是加剧市场分割形成“诸侯经济”的重要因素，对提高要素生产效率非常不利，要推动市场一体化今后可以考虑通过行政手段及时清除这些壁垒。

传统认知中通常认为货物运输条件的改善对促进市场一体化更为有效，却忽视了人员流动的作用。而通过分阶段分析可以明显看出随着铁路和高速公路的发展，尤其是国内高速铁路的快速发展，大大增加了人员流动的便利性。中国迈入高铁时代，高铁对人员运输效率的增加显著地弱化了市场分割的情况。为了促进中国国内市场一体化，增加高速铁路的投入，推动人员特别是技术人员的流动，今后可以从技术壁垒、信息流通以及消费行为的多方面入手以推动市场一体化的进程。

高速铁路的发展在一定程度上分担了公路客运的压力，对公路货运有很大程度的促进作用。但公路货运所涉及的范围较广，既有高速公路部分国道这一类收费公路，也有国省干道以及其他低等级道路，货运车辆会根据运输的时间成本进行权衡。贝恩公司的调查数据[①]显示我国汽车平均运行时速在50公里–65公里/小时，而快递物流车辆的平均时速75公里–80公里/小时，这说明时间成本较高的车辆会更倾向于选择收费性的高速公路作为通行主要道路。而其他对时间成本要求相对较低的货运车辆则更多地选择通过不收费的国省干道来出行。另外，中国公路路况、应对拥堵处理措施以及公路事业性收费流程等都会制约公路货运效率的提高。所以，虽然交通基础设施对弱化市场分割具有显著的弱化效应，但在进行交通基础设施的投入中也不能一味地追求大而全。不同类型的公路所产生的效果不用，不同城市的公路存量也有差异，这就要求在公路这一非常重要的交通基础设施投入中要充分考虑到不同城市的现状，在本文作者此前的研究中也开展过关于经济发展中交通基础设施的效率研究。

值得注意的是，任何研究都无法涵盖针对某一问题的所有解决方法，尽管本研究已分别从理论与实证出发证明了交通基础设施对市场分割的弱化效应，但是随着中国社会与经济的飞速发展，如何进一步优化现有的交通基础设施以促进区域市场间的良性发展与互动，这仍是需要进一步研究的课题。同时，本章的研究过程也存在一定的不足，今后的相关研究可以

① 数据来源于贝恩公司和智慧物联网公司通过使用G7系统的五十余万货运车辆的信息，对长途运输的海量运行数据进行挖掘和分析，联合发布《中国普通公路市场研究》报告。

考虑从以下几个方面加以改进和深化。①控制变量的选取。以前期市场分割情况完全代替各项政策、壁垒等或许不是非常精准。②代表性商品的选取。本文选取的代表性商品对于市场分割的反映程度也存在一定程度的偏差，可以考虑在分类的基础上提高代表性商品的多样性。

第六章　市场一体化过程中运输量与生产集聚

中共十九大的报告中，在“贯彻新发展理念，建设现代化经济体系”这一部分明确提出要建设协同发展的产业体系。协同发展的产业体系，我们在经济学上认为可以从三个角度去理解，即要素配资、生产效率和产业分工，最终目的是基于比较优势的地区专业化及产业发展的规模经济。为了实现产业协同发展，我们需要研究国际以及地区专业化的决定因素，而贸易是产业分工以及地区专业化形成的重要推动因素，因此，对于产业发展的集聚性以及由此产生的产业集聚一直以来都是经济学研究的重要领域。关于经济活动中区域专业化的研究，较早的关注点大多集中在资源禀赋的差异、规模报酬递增效应或者经济外部性的角度，甚至有部分经济学家将此归因于自然的趋势（Krugman，P.，1991）[121]。当然近代的研究更多是从贸易角度开展，认为贸易有助于专业化，同时，专业化也将增加人们从贸易中的收益（白重恩，2004）[122]。我们认为交通运输作为贸易得以存在的基础，对产业集聚的作用较为直接且有效，本文将从运输的角度以国内 50 个地级市作为对象研究交通运输对地区产业集聚的效应及影响机制。

6.1 指标构建及说明

假设在完全竞争的市场环境下，各地区根据自身的资源禀赋及技术效率，决定本地的产业布局。由于中国国土面积大，不同省市间气候、人文以及地理条件各不相同，特别是沿海城市与内陆城市之间，在经济发展水平、基础设施以及人才存量方面都有较大差距。另外，考虑到中国西部地区的省份，特别是青海、西藏、宁夏等几个自治区，其独特的地理特征、广阔的土地面积以及相对落后的经济结构，本文根据地理区位将中国大陆的 31 个省级行政单位分为东部、中部、西部三个区域开展研究，利用统计与计量方法对不同区域的省份（含直辖市、自治区）以及同区域内部的省份中交通运输对产业分工的影响效应展开研究分析。

由于交通运输所涵盖的范围较广，不仅包含水陆空多个方面，还包括有形的基础设施和无形的交通基础设施。在以往的研究中，衡量交通运输往往从基础设施的角度开展，其衡量指标主要分两类：一类通过投资（包括实物资本、人力资本、政府支出、外商直接投资等）作为交通基础设置资源禀赋来衡量（刘生龙与胡鞍钢，2010），另一类通过交通基础设施的存量（如公路、水运交通的固定资本存量）来衡量（刘勇，2010）。

另外，交通基础设施的建设投入不完全包括公共投入，还有一部分是由私人投资完成的（Gramlich，1994），而私人投资又无法进行准确的统计，因此用公共投资来测量交通基础设施容易产生系统性的误差。所以对于交通基础设施的衡量大多是从存量的角度来进行相关测度，这其中以 Demurger（2001）和 Fleisheretal（2009）的研究最为典型，他们通过交通密度来对交通基础设施进行测度，也就是用公路、铁路和内河航道里程之和除以各省份的国土面积来进行计算。但本文认为用该方法来衡量交通运输对地区间产业集聚的效应并不准确，因为交通基础设施的建设之初就包含经济效应以及社会效应，且交通基础设施中的单位里程数在不同区域汽车或者火车的通行量有可能差别巨大。考虑到中国不同区域地理条件的差异，同样规模的交通基础设施在不同空间区域所需要的投入差距较人，比如在西部山区修建一公里公路所需成本显然是远高于平原地区，另外以高速公路为例，即便同等里程数的高速公路也有“双向四车道”“双向六车道”之分，同规模的高速公路车辆通行量有可能存在较大差异，以中国“最繁忙”的高速公路——广深高速为例，2018 年春节七天车辆通行次数超过 430 万车次，它日均车辆通行次数已经超过相对清闲的连霍高速部分路段十倍以上[①]。本文所研究的地区产业集聚中交通运输的作用主要为了体现交通运输在贸易、生产要素或中间产品流动中的作用，所以，本文从交通运输效率进行测度，即综合考虑各地空、铁、路，水四方面运输条件。在解释变量交通运输指标选取方面，我们选择用航空客运量、航空货运量、铁路客运量、铁路货运量、公路客运量、公路货运量、水运客运量及水运货运量与各市国土面积的比值来衡量。

在研究地区产业集聚问题时，比较常用到的衡量指标有 Hoover 地方化指数、基尼系数以及区位熵，Hoover 地方化系数被大量运用在对一个国家的地区专业化水平测度的研究中，如 Young，A.（2000 年）、樊福卓（2007 年）以及陈钊和王旸等（2016 年），而基尼系数则更多地被应用到测量产业的专业分工指数 γ_j 中，在国内外研究省市或地区产业集聚的文章中则更多地选用区位熵作为衡量某一地区产业集聚程度的指标，例如 Donoghue 和 Gleave（2004）、刘军和徐康宁（2010）、杨仁发（2013）等，区位熵在计算某一产业的地区集聚水平中所常用到的数据有：该产业在该地区的产值、该地区的所有产业总产值、该产业在全国范围内的产值以及全国所有产业的总产值。由此可见，区位熵在数据获取以及对于一国内部地区间产业集聚的测量更为准确。所以，本文选取区位熵作为被解释变量，数据来源于《中国工业统计年鉴》《中国统计年鉴》以及《中国城市统计年鉴》。

在本文中我们用 LQ 来表示各地区的区位熵，在此之前我们对相应的指标进行说明，本文研究对象为中国大陆的 31 个省级行政单位，i 表示其中一个省级行政单位，即有 $i=1、2、3、k\dots31$ ，n 表示中国大陆所包含的行业个数，j 表示其中一个产业，即 $j=1、2、3\dots n$ ； E_{ij} 表示第 i 个省份中第 j 个行业的产值， S_{ij} 代表第 i 个省份第 j 个行业产值占其全行业总产值的比例，用 S_j 代表中国大陆第 j 个行业产值与全样本总产值的比例，则有：

① 广深高速为京港澳高速广东省的广州至深圳部分，连霍高速即为连云港至霍尔果斯高速公路，下同。车辆通行数据来源于中国公路网。

$$S_{ij}=\frac{E_{ij}}{\sum_{j=1}^{n}E_{ij}} \tag{6.1}$$

$$S_j=\frac{\sum_{j=1}^{n}E_{ij}}{\sum_{i=1}^{31}\sum_{j=1}^{n}E_{ij}}=\sum_{i=1}^{31}\left(S_{ij}\frac{\sum_{j=i}^{n}E_{ij}}{\sum_{i=1}^{31}\sum_{j=1}^{n}E_{ij}}\right) \tag{6.2}$$

区位熵（LQ）是指在一地区内某一特定产业的产值在该地区全部产值中所占的份额和整个国家该产业总产值在全国各生产部门总产值中所占比例之比，由此，我们可以得出中国大陆各省份的区位熵的计算公式即为：

$$LQ=\frac{S_{ij}}{S_j}=\frac{E_{ij}}{\sum_{j=1}^{n}E_{ij}}/\frac{\sum_{j=1}^{n}E_{ij}}{\sum_{i=1}^{31}\sum_{j=1}^{n}E_{ij}} \tag{6.3}$$

其他指标：为了准确衡量交通运输对地区产业分工的影响效应，在已有研究的基础上，本文还引入了四个控制变量，包括：①各地的地区政策开放度，本文选取贸易开放度作为衡量指标，贸易开放度的决定因素较为复杂，既包括地方政府的贸易保护政策，又包括本地民众对于产品的偏好。因此，我们选取 2001–2015 年 31 个省级行政单位本地年度进出口总额与本地本年度 GDP 的比值，构建地区开放度指标，用 OI 表示；②规模报酬递增效应，为了研究规模报酬递增对产业集聚的促进作用，我们通过已有数据来构造某一产业的企业规模报酬变量。具体做法是选取 2001–2015 年《中国城市统计年鉴》和《中国工业统计年鉴》中每一个行业的全部参与企业，用全行业的产出除以企业数量来计算行业内企业的平均规模，并以此来作为规模经济性的测量指标，本文中我们用 scale 表示；③经济外部性，主要是劳动力要素、原材料、中间产品以及技术进步的溢出效应，这一指标比较难以测定。本文中，我们根据 Rosenthal and Strange 和白恩重等学者的研究成果，用某一特定产业中技术人员在全行业从业人员中所占比例来代表技术和知识的溢出，并以此来衡量外部经济性，用 ET 表示。④地区产业集聚指数的滞后期，由于中国的地区产业集聚并非是由计划经济时代的政策影响，也并不是在改革开放之后才产生的，在改革开放初期，中国的东部沿海省市与内地各省市间表现出较为显著的产业分布不均衡（刘生龙，2010）[123]，考虑到地区产业集聚的持续效应，故将地区产业集聚指数的滞后期也引入作为控制变量。

6.2 计量模型构建及分析

在已有研究中，对产业集聚的影响因素分析往往侧重于考察政策性，要素禀赋情况以及贸易流动因素。本文为打破地理性产业集聚壁垒，引入交通运输变量，同时将地方政策对外开放度，规模经济效应，经济外部性以及产业集聚滞后期作为控制变量引入，由于本文选取的数据为面板数据，在选择空间计量模型时，充分考虑莫兰指数分析及 wald 检验结果后，构建如下计量模型①：

$$aggl_{it} = \rho\sum_{j=1}^{N} w_{ij}aggl_{jt} + \alpha aggl_{it-1} + \beta\sum_{j=1}^{N} w_{ij}TR_{jt} + \gamma TR_{jt} + \sum_{i} \theta M_{it} + \alpha_0 + \epsilon \tag{6.4}$$

式（6.4）中，ρ为产业集聚空间滞后项的系数，α为滞后一期产业集聚的变量系数，β为交通运输变量空间滞后项的系数，γ为交通运输的系数，θ为控制变量的系数，ϵ为随机干扰项，在式（6.4）模型构建中，采用的是线性空间模型。然而在实际经济活动中，由于地方发展规划以及贸

① 在模型选择上，考虑到产业集聚的空间溢出性以及交通运输的网络效应，理论上判断采用空间杜宾模型（SDM）更适用。在实际操作中，我们需对模型进行统计检验，以便选择合适的模型进行实证研究，我们通过 Wald 检验，结果显示，Robust-LM error 值为 11. 59，在 5% 水平下显著，所以拒绝原假设，由此认为选择空间面板杜宾模型更为合适，考虑到文章的简洁性及篇幅，检验过程不再进行详细展示，将以附件的形式附上以供其他研究学者们参考。

易地区优势不同等因素，不同地区产业集聚的行为可能并非一致。由此，我们假定中国大陆相邻的省市与虽在地理位置上相邻但产业集聚的反应系数不相同，中国沿海省市与中西部省市所对应的产业集聚反应系数不一，所以，我们引入两区制的空间杜宾模型（Elhorst &and &Fréret，2009）[124]：

$$aggl_{it}=\rho_1\sum_{j=1}^{N}d_{ij}w_{ij}aggl_{jt}+\rho_2\sum_{j=1}^{N}(I_{ij}-d_{ij})w_{ij}aggl_{jt}+\alpha aggl_{it-1}$$
$$+\beta\sum_{j=1}^{N}w_{ij}TR_{jt}+\gamma TR_{jt}+\sum_{i}\theta M_{it}+\alpha_0+\epsilon \qquad (6.5)$$

式（6.5）中，ρ_1、ρ_2分别代表属于同一地理区域的相邻省市与地理位置上相邻但属于不同区域的省市中产业集聚的反应系数，I_{ij}代表标准化的地理相邻的空间权重矩阵，d_{ij}代表同一地理区域内相邻或者是否位于东部沿海区域的空间对角矩阵，其中，对角元素的含义为：

$$d_{ij}=\begin{cases}1;\ \text{省市}i\text{与省市}j\text{在地理空间上相邻}\\0;\ \text{不相邻}\end{cases}$$

根据假定模型，本文选取中国大陆 31 个省级行政单位 2001–2016 年面板数据运用 stata15.0 进行模型估计，软件运行结果为：

表 6.1　交通运输对产业集聚回归结果

变量	农业	制造业	生产型服务业	传统服务业
铁路客运	0.08342 （0.558）	0.22763** （0.017）	0.253148** （0.042）	0.30386** （0.042）
公路客运	0.083481 （0.344）	0.04272* （0.0602）	0.193597** （0.0433）	0.098636** （0.046）
水路客运	0.002323 （0.919）	0.00021 （0.916）	0.006382 （0.371）	–0.04531 （0.254）
航空客运	–0.037832 （0.1）	0.0029* （0.075）	0.190705** （0.037）	–0.04236* （0.091）
铁路货运	0.1779041 （0.156）	0.1568** （0.05）	0.011642 （0.663）	0.0623 （0.227）
公路货运	–0.083983 （0.482）	0.1765** （0.034）	0.304417*** （0.004）	0.1557 （0.124）

续表

变量	农业	制造业	生产型服务业	传统服务业
水路货运	-0.006165 (0.819)	0.4046** (0.0203)	-0.0157123 (0.325)	-0.00825 0.743
航空货运	-0.019046 (0.5)	-0.00253 (0.384)	0.1260039** (0.011)	0.023671 (0.266)
aggl(-1)	0.6204804*** (0.000)	0.412104*** (0.000)	0.4886992*** (0.000)	0.299392** (0.023)
OI	0.086126 (0.172)	-0.05135 (0.419)	0.0574907 0.598	0.325158*** (0.006)
SCALE	-0.000044 (0.844)	0.1606** (0.014)	0.160013*** (0.001)	-3.2E-06 (0.675)
ET	0.2549859** (0.018)	0.077955* (0.075)	0.0409707** (0.013)	0.172374** (0.035)
ϵ	0.5218155 (0.677)	0.264537*** (0.000)	0.18774** (0.001)	-0.291 (0.525)
观测数	465	465	465	465

注：括号中的数值为P值，*、**、*** 分别代表10%、5% 和1% 的显著性水平。模型中的回归均采用了一步稳健系统GMM估计，下同。

根据上表计量回归结果，我们可以看出：农林牧渔业的产业集聚中，交通运输各项因素（包括铁路、公路、水路及航空客货）运输的回归结果均表现为不显著，而产业集聚滞后期（Sggl（-1））和经济外部性（ET）的计量回归P值分别为0.000和0.018，这表明农林牧渔业集聚具有较强的持续性。在制造业的空间集聚过程中，铁路客运、公路客运、铁路货运、公路货运、以及水路货运及规模效益回归显著性水平均小于0.05，航空客运回归结果在10% 的水平下显著，而产业集聚滞后期则在1% 的水平下显著。生产型服务业与传统服务业由于从业人员、资本要素投入均有所不同，两者在计量模型中估计结果也有较大差异，中国铁路客运、公路客运、航空客运、公路货运以及航空货运的回归结果均在5% 的显著性水平下表现为显著，而产业集聚滞后期及规模经济均在1% 的显著性水平下表现为显著，在经济外部性方面，这两个产业的估计结果 P 值分别为 0.013 和 0.035，较为显著；与生产型服务业不同的是，传统服务业计量估计结果中，我们可以发现航空客运及货运的估计结果 P 值分别为 0.091 和 0.226，前者在 10% 的水平下显著，而后者则完全不显著，由于传统服务业主要包括批发、零售、住宿、餐饮等劳动密集型产业，所以航空客货运在其产业集聚中并未表现出非常显著的效应。

农林牧渔的产业空间分布情况并不受到交通运输情况的影响，不同区域内的省份在产业集聚特征方面并不完全一致，且我国东部沿海城市与内陆城市在经济发展、基础设施建设即产业布局规划方面均存在较大差异，所以，我们按照地理位置对中国大陆东部、中部、西部的省份分区域构建计量模型进行回归分析，stata15.0 计算模型回归结果为：

表 6.5 为中国大陆 31 个省级行政单位按空间分布划分的东部地区、中部地区和西部地区的分组回归结果，表中我们可以看出：（1）各产业的空间集聚效应在三大区域均表现出较强的连续性（Sggl（–1）对应的 P 值均小于 0.05），交通运输在不同地理区域中对制造业、生产型服务业及传统服务业空间集聚过程中回归结果显著性并不一致；（2）在全样本交通运输与产业集聚计量分析中，交通运输对产业集聚的正向作用所不同的是，公路货运在东部区域的产业集聚过程中表现出显著的负效应（$\theta_i =$ –0.161064，p=0.006），这一现象我们认为是由交通运输的网络效应造成的，本文的结论中将会开展分析；（3）西部地区传统服务业并未表现出显著的空间集聚效应，但生产型服务业却在空间范围内显著集聚，且在该产业集聚回归中，公路货运显著性水平 P=0.032，贸易开放度显著性水平 P=0.048，经济外部性显著性水平 P=0.038，这与西部省份的经济发展特别是创新型服务业发展水平相对落后有较为直接的关系；（4）中部省份在各产业空间集聚过程中，公路客运、货运和铁路客运所扮演的角色要比其他两个区域更显著，且公路货运的计量分析结果尤为显著，在三个产业空间

表 6.2　分区域交通运输对产业集聚模型回归结果

变量	制造业			生产型服务业			传统服务业	
	东部	中部	西部	东部	中部	西部	东部	中部
铁路客运	0.143582** （0.025）	0.0495104** （0.042）	0.021297 （0.426）	0.0678779** （0.037）	0.071688** （0.022）	0.0874184 （0.817）	0.3199235*** （0.002）	0.142889** （0.018）
公路客运	0.089074* （0.051）	0.234945 （0.013）	0.0964201** （0.034）	0.0227484 （0.780）	0.341277** （0.016）	0.011181 （0.329）	0.0451156 （0.962）	0.0745395** （0.046）
航空客运	0.069366 （0.706）	0.1012916 （0.342）	0.0278485 （0.208）	0.1493564** （0.042）	0.0083028 （0.699）	0.0121676 （0.125）	0.0313784 （0.127）	0.0912676 （0.225）
铁路货运	0.10584*** （0.010）	0.0353737* （0.052）	0.0000246 （0.176）	0.0250322 （0.119）	0.0814108 （0.652）	0.0226105 （0.795）	0.0871832 （0.261）	0.0095173 （0.949）
公路货运	−0.161064*** （0.006）	0.2611791*** （0.003）	0.2163921* （0.071）	−0.0338942** （0.017）	0.25848*** （0.005）	0.1497774** （0.032）	0.1497774** （0.032）	0.328636*** （0.004）
水路货运	0.04419** （0.029）			0.0077115 （0.575）			0.0073843 （0.429）	
航空货运	0.0157925 （0.137）			0.0315296*** （0.005）			0.0615073 （0.730）	
aggl（−1）	0.3915626*** （0.002）	0.4383195*** （0.000）	0.504332*** （0.000）	0.3746277** （0.027）	0.441244*** （0.000）	0.4377936** （0.039）	0.4377936* （0.089）	0.2950206*** （0.002）
OI	0.018856 （0.448）	0.0290034 （0.874）	0.0193916 （0.142）	0.0201102 （0.744）	0.0125757 （0.433）	0.0613529** （0.048）	0..0731529*** （0.008）	0.0072206 （0.401）
SCALEE	0.1495104 （0.043）	0.204417** （0.014）	0.0006824 （0.936）	0.1715688*** （0.001）	0.0600824* （0.091）	0.0393679 （0.151）	0.0088326 （0.232）	−0.022933 （0.181）
ET	0.0573768* （0.053）	0.0676882** （0.018）	0.0655259* （0.065）	0.2409521** （0.012）	0.0792548** （0.029）	0.137920** （0.038）	0.643512*** （0.000）	0.056676 （0.150）
ϵ	0.4383195 （0.021）	0.1045034** （0.033）	0.786403*** （0.008）	0.57872827* （0.072）	0.280839** （0.026）	0.242346** （0.032）	0.362346** （0.042）	0.507219** （0.018）
观测数	180	135	150	180	135	150	180	135

注：由于样本中水路客运量均处于较低水平，中西部省份有较大比例的省份水路及航空货运量极少或为零，西部各省份传统服务业并未表现出显著的空间聚集，为了文章的简介性并限于篇幅，本表中以上几项内容不再进行展示。

集聚回归分析中P值分别为：0.003，0.005和0.032，且回归系数均为正值，这说明公路货运对中部区域各产业的空间集聚现象发挥着显著的正向推动作用。

6.3 稳健性检验

表6.2中计量分析结果基于两区制空间杜宾模型开展，即主要考量区域内有边界相连的省份之间各产业的空间集聚效应，为了验证交通运输对各产业空间集聚的效应及考察表6.2中结果的稳健性，我们将更换空间权重矩阵，选择各省市间的地理空间距离矩阵，具体做法为各省市省会城市之间的球面距离[①]的倒数构建矩阵，对矩阵进行标准化后作为稳健性检验模型中的空间权重矩阵，计量模型回归仍然选择stata15.0进行估计，模型估计结果为：

表6.3　稳健性检验结果

变量	农业	制造业	生产型服务业	传统服务业
铁路客运	0.09022 （0.426）	0.260804** （0.025）	0.2297** （0.036）	0.14766** （0.027）
公路客运	0.18436 （0.170）	0.09646** （0.049）	0.1221** （0.015）	0.169758** （0.019）
水路客运	–0.00337 （0.874）	0.000651 （0.784）	0.008833 （0.232）	0.05445 （0.117）
航口客运	–0.03504 （0.208）	0.002537 （0.135）	0.21201** （0.012）	0.02331* （0.062）
铁路货运	0.140398 （0.267）	0.1321** （0.039）	0.01126 （0.706）	–0.05332 （0.111）
公路货运	–0.06851 （0.670）	0.08252** （0.035）	0.0373** （0.022）	–0.16971 （0.141）

① 省会城市的球面距离，由于地球为球形，各省会城市的经纬度均有所不同，本文的球面距离即为两城市之间的地面距离。

续表

变量	农业	制造业	生产型服务业	传统服务业
水路货运	0.001755 （0.962）	0.12626** （0.031）	0.02293 （0.181）	-0.03974 （0.306）
航空货运	-0.02173 （0.474）	0.00262 （0.313）	0.16113** （0.0316）	0.046243* （0.055）
aggl（-1）	0.452116*** （0.000）	0.404445*** （0.000）	0.489629*** （0.000）	0.337982*** （0.003）
OI	0.018561 （0.949）	-0.04505* （0.064）	0.025956** （0.015）	0.249526 （0.379）
SCALE	-3.3E-05 （0.176）	0.014** （0.024）	0.11*** （0.000）	0.00406 （0.527）
ET	-0.06838 （0.879）	0.070072** （0.043）	-0.10197 （0.346）	0.285576** （0.043）
ϵ	-0.33434 （0.534）	0.418471 （0.000）	0.727451 （0.031）	-0.44806 （0.244）

从稳健性检验结果我们可以看出农林牧渔业产业集聚中，交通运输因素并不产生显著性影响，且产业集聚具有极强的持续性（ θ_i = 0.452116，p=0.000）；制造业空间集聚稳健性检验中，10% 显著性水平下显著的因素为经济外部性，5% 显著性水平下回归结果显著的有铁路客运、公路客运、铁路货运、公路货运、水路货运、规模经济以及地方贸易开放度，与农业相同的是产业集聚滞后期在 1% 显著性水平下具有显著影响；生产型服务业集聚稳健性检验结果为 5% 显著性水平；回归结果显著的有铁路客运、公路客运、航空客运、公路货运、航空货运、以及经济外部性，而产业集聚滞后期和规模经济均在 1% 的显著性水平下表现出显著影响；传统服务业稳健性检验结果显示，10% 显著性水平下显著的影响因素有航空客运及航空货运，检验结果为 5% 显著性水平下回归结果显著的有铁路客运、公路客运以及贸易开放度，与其他各产业相同的是产业集聚滞后期在 1% 显著性水平下具有显著影响；稳健性检验结果与表 6.2 的估计结果基本一致，我们可以认为原假定模型的估计结果是稳健的。

6.4 本章小结

本文研究的各产业空间上的集聚效应中，通过构建空间杜宾模型并引入四个控制变量来探索交通运输在产业集聚过程中所扮演的角色及作用机制，根据前文表 6.2 及表 6.3 计量分析报告的结果，我们可以得出以下结论并讨论促进产业集聚的可行性建议：

（1）中国大陆的各产业均表现出一定的空间集聚现象，且均表现出相当显著的持续性，但不同产业在不同区域的集聚现象有较显著的差异，农林牧渔具有较强自然资源依赖性的产业，其在空间上的集聚往往是自然形成的，交通运输在其中并不直接发挥作用，但与其发展密切相关的物流运输业（属于生产型服务业范畴）、机器制造业、以及经济外部性均与交通运输有关，所以交通运输业将间接推动农林牧渔业的集聚并提升生产效率；贸易自由度在对东部各省份产业集聚的效应并不显著，我们认为中国东部省份，尤其是沿海发达省份在国内贸易自由度方面已经几乎没有壁垒，但中部和西部的省份还存在一定的贸易壁垒，尽快消除国内省市间的贸易壁垒有助于产业集聚的有效形成，而规模经济对产业集聚的显著正向影响则更多，这是因为边际要素生产率的上升且规模经济使得企业能有更多资本用于技术创新，而经济外部性主要是衡量技术的溢出效应，上下游企业以及同类企业的技术溢出更有利于该系列产业的空间集聚，所以，中国大陆的大多数省市在贸易自由度、规模经济和经济外部性方面具有较大改善空间，以此来推动国内各产业的空间集聚，达到科学高效的产业分工。

（2）制造业在全国范围内均表现出较强的空间集聚特征，且在制造业空间集聚过程中，交通运输发挥着较为重要的作用。在东部区域的制造业集聚过程中，公路、铁路以及航空客运在推动产业集聚中均发挥出显著的正向作用，这是因为制造业作为资本及技术密集型产业，在其发展中需要较多的技术人才。公路、铁路及航空客运为基层和中上层技术人才的快速流动提供便利，而铁路及公路货运为原材料及中间产品的运输提供便利，但由于东部 12 个省份之间技术和资本的积累以及制造业发展水平在不同省份之间存在较大差距，所以交通运输的网络效应在此体现出一定的虹吸效应，中西部省份制造业相对东部省份落后，在其制造业发展中着力改善公路及铁路的客运和货运能力，能够有效促进其制造业集聚，提升整体制造业发展速度。

（3）生产型服务业和传统服务业在很多学者的研究中并未做明显的区分，一方面两者在要素投入方面存在较大差异，根据前文对生产型服务业的解释，这一产业技术即资本密集型产业，其技术禀赋甚至高于制造业，而传统服务业主要涵盖批发零售住宿餐饮等行业，这一产业属于劳动密集型产业。所以，生产型服务业的产业集聚更依赖于技术及资本的流动。从前文实证分析的报告结果我们可以看出，生产型服务业在空间集聚中，东部区域铁路和航空客运，公路及航空货运均发挥着显著作用，而中部地区铁路和公路的客运、货运则发挥着更为显著的作用，这是因为东部省份，特别是京津冀和长三角之间航空运输，尤其是航空货运更为及时有效。当然，近年来高速铁路客运的发展对航空客运具有显著的替代效应①；且技术人员的交流也更为便利，所以着力发展公路货运和高速铁路客运、航空客运和货运可以有效推动中西部地区生产型服务业的空间集聚；另一方面，生产型服务业和传统服务业对其他产业的依赖方面也有所差异，生产型服务业的产出更便于向异地输出，例如生产型服务业的重要组成行业之一的物流业，其对交通运输的依赖性非常强，而传统服务业的产出则较多依赖于其他产业所带来的消费群体，并且近年来随着电子商务的发展，传统服务业产出的流动也较大依赖于物流业的发展。综合考虑两方面，中国各

① 高速铁路客运对航空客运的替代效应可从 2010–2017 年《中国城市统计年鉴》中两者客运量变化趋势中有所发现。

省市在推动生产型服务业发展时，要着力加大铁路客运，航空客运以及公路、航空货运承载量，而推动传统服务业的集聚更需要发展公路、航空货运以及航空客运。

综合本文的讨论，中国三个区域各省份之间由于经济发展水平和不同产业存量存在较大差距，所以推动本地产业的集聚，优化产业分工，提高生产效率是一个长期的过程，且具有一定的延伸效应，而交通运输更多依赖于基础设施，其条件的改善也不是可以一簇而就的。所以，在产业推动、产业集聚过程中，针对性地调整交通运输发展战略，以实现产业集聚的目标。当然，本文的研究还有一定的可延伸之处，如进一步研究高铁在各产业集聚过程中的作用，由于中国高铁运行时间相对较短，且东部和中西部高速铁路不管在线路里程还是车次方面都有较大差距，我们今后将在合适的时间点展开相关研究。

第七章　交通基础设施与产业一体化

从经济学的角度来看，区域产业一体化就是在一个大的地理区域内将原本相对独立的产业规划根据比较优势进行整合，从而形成分工明确、关联紧密的产业结构的过程。区域内合理的产业分工和关联协作是产业一体化的基础。中共中央在《京津冀协同发展规划纲要》中对区域产业一体化发展规划明确提出："北京将主要发挥科技创新中心作用，天津优化发展高端装备、电子信息等先进制造业，河北积极承接首都产业功能转移和京津科技成果转化。"[①]产业一体化作为区域生产一体化的表征，一直以来都是经济学家的重要研究方向。交通基础设施通过改善产品、要素、技术流通成本直接影响着区域内产业分工和关联协作，从而推动区域产业一体化的进程。产业分工主要体现区域内不同省市间的专业化分工，而产业协作则表现为区域内产业链不同环节之间的关联，两者之间虽存在一定联系但并不完全等同。所以，本章将分别研究交通基础设施、区域产业分工和产业关联度之间的关系，以此探索交通基础设施对区域产业一体化的影响。

增长和均衡是经济学中典型的"效率与平等"问题，作为发展中的大国，中国30余年的改革开放带来的是经济的快速发展，然而在此过程中带来的区域发展不均衡问题越来越突出。近年来，大量关于中国经济空间结构的研究表明国内区域经济的发展正从"以邻为壑"向着"以邻为伴"演进。理论上，产业的空间结构是在一个大的地理区域内将原本相对独立的产业规划根据比较优势进行整合从而形成分工明确、关联紧密的产业结构的过程。区域内合理的产业分工和协作是社会化大生产效率提升的基础。

① 《京津冀协同发展规划纲要》于2015年由中央财经领导小组审议研究并在中共中央政治局会议中审议通过，是中国首个国内区域性协调化发展的规划纲要。

关于区域发展一体化中的分工问题，京津冀地区经济一体化发展提供了范本，明确了北京作为科技创新中心的定位，同时将天津的主要产业确定为以技术密集型的高端装备和电子信息化上下游产品为代表的先进制造业，而河北的定位则是承接北京和天津的产业转移，同时作为“京、津”两市科技创新成果的成产地。交通基础设施通过改善产品、要素、技术流通成本直接影响着区域内产业分工和协作，从而推动整个区域高效生产。区域生产要素禀赋的差异带来生产的分工，专业化分工又是生产效率提升的有效路径。然而，广而全的交通基建在经济发展和区域协调中能否带来可靠的“边际效用”，值得我们开展深入的研究。基于此，本章将以中国大陆的 31 个省（市、自治区），三大地理区域和三个代表性城市群作为研究对象，系统地分析交通基础设施对产业垂直分工及区域产业结构的影响，并探讨可行性的提升路径。

7.1 交通基础设施与区域产业分工

关于经济系统中产业分工的研究，早期文献的关注点主要集中在资源禀赋的差异、规模报酬递增效应或者经济外部性的角度，同时还有部分经济学家将此归因于自然的趋势（Krugman，P.，1991）[125]。近期的研究更多是从贸易的角度开展，有学者提出贸易与专业化分工是相辅相成的促进关系，贸易量的增加有助于专业化分工的提升。同时，专业化分工又能增加人们从贸易中获得的收益（杜颖娟等，2004）[126]。而交通基础设施作为社会生产和社会经济活动的承载基础，是贸易得以正常进行和快速发展的首要前提。从不同类型的产业来看，制造业的产出主要是有形的产品，可以通过交通基础设施来实现空间上的转移，而服务业的产品不能像制造业那样在生产过程结束后储存起来，然后进行空间上的转移，但无论是生活性服务业还是生产性服务业，其产出都能够以人为载体来实现跨区域的流动，交通基础设施对于人员流动的作用是显而易见的。因此，交通基础设施作为各产业的产品得以流通的基础载体，其存量和使用效率必然对产业分工有直接的影响作用，而这种作用的传导机制以及影响程度的大小则是本文分析的重点。关于经济系统中产业分工的研究，古典的经济地理学研究主要聚焦在资源的禀赋差异、工业的区位选择、以及集聚所带来的规模报酬递增，近期的研究更多是从贸易的角度开展，有学者提出贸易与专业化分工是相辅相成的促进关系，贸易量的增加有助于专业化分工的提升。Wangle 和 Yang（2019）分别使用了法国和日本的数据证实了在“中心—边缘”的区域产业结构演化中，不同企业的反应速度存在显著差异，要素生产效率较高的企业往往对集聚所带来的租金成本变化更加敏感。相应的高效率企业可以从集聚区中获得更高的效益，这类企业也更愿意留在集聚的区域（Gaubert，2018）。同时，专业化分工又能增加人们从贸易中获得的收益（高翔等，2015）。交通基础设施在社会化大生产中作为要素和产品空间流动的基础，通过改变城市间的“时空距离”对贸易中的“冰山成本”产生直接影响，完善的交通基础设施网络是商品和要素跨区域流动效率提升的首要前提。从不同类型的产业来看，制造业的产出主要是有形的产品，可以通过交通基础设施来实现空间上的转移，而服务业的产品不能像制造业那样在生产过程结束后储存起来然后进行空间上的转移，但无论是生活性服务业还是生产性服务业，其产出都能够以人为载体来实现跨区域的流动，交通基础设施对于人员流动的作用是显而易见的。因此，交通基础设施作为各产业的产品得以流通的基础载体，其存量和使用效率必然对产业分工有直接的影响作用，而这种作用的传导机制以及影响程度的大小则是本文分析的重点。

区域间要素禀赋的差异性被引入到相关研究中，要素的流动和贸易将直接影响区域的产业结构，规模报酬递增的产业更容易集聚在某些特定的区域（Hansen.，2015）。对于那些规模报酬不变或者递减的行业，有些学者认为由于经济外部性的存在，这类产业也随着交通—物流成本的变化以及经济外部性而逐步集中在某些区域（Kaihua，2011）。从中国区域产业分工的发展历史来看，改革开放之初就通过“财政分权”和“财政包干”的方法调动各地政府对资源禀赋高效利用的积极性（吕冰洋，2020），垂直分工带来的区域产业结构合理化和高级化转变有助于整个区域的产业转型升级，关于这一类研究大多从微观的企业层面展开，研究的切入点包括制造业产品质量的提升（许佳云，2017），企业创新研发（李焱、原毅军，2017），和创新要素的区域流动（白俊红，2017）。

中国学者的研究更加关注区域内差异，认为空间经济学研究的重点在于区域协调发展战略的基本特征是空间性，最终目标是实现资源空间配置的协调性（王玉茹、梁琦，2019）。近年来，有部分学者将“新”新经济地理的理论应用到市场和生产效率的研究中，认为市场与供给邻近是影响企业生产率的重要因素，市场邻近带来的生产率优势略优于供给邻近；进一步识别出由市场和供给邻近带来的生产率优势来源于集聚、选择和类分效应，其中选择效应体现在更高的低效率企业淘汰风险，类分效应则体现在更多的高效率企业进入数量（席强敏，2020、金刚，2016、马双，2019）。

事实上，区域产业分工是区域经济一体化发展的重要推动力，由于各省市间在生产和消费上都存在一定的边界效应（张伊娜，2020），垂直化分工带来的产业集聚和厂商集聚有利于实现生产的规模效应（董洪超，2019），随之而来的商品市场扩大将为中国迈向统一市场提供客观条件，而交通设施作为要素、产品以及技术流动的基础，无论是新经济地理理论，新贸易理论还是“新”新经济地理理论，运输成本都是制约产业空间结构的变迁的外部动力。根据克鲁格曼关于产业区位选择的“时空”流动成本——冰山成本的陈述，交通运输越便利，交通基础设施网络越成熟，跨区域的分工效率越高，当然在此过程中无法回避的是交通基础设施的网络效应，即能通过降低“冰山成本”来提高相邻区域的产业分工效率；与此同时，交通基础设施的虹吸效应，又会产生“贫者愈贫；富者愈富的马太效应”（Abdel&Combes，2008）。另外，产业集聚虽然有利于实现规模经济，但随之而来的也可能出现劳动力、资本以及土地等要素投入生产时产生的拥挤效应①（Bolc á rov á ，2015）。杨仁发于2013年选取中国269个大中城市的相关数据，通过实证分析，发现了随着分工的深入对于不同产业的劳动力报酬影响截然相反。其中，制造业劳动力报酬受到负向影响，生产型服务类企业的劳动报酬基本不受影响，而在生活性服务业领域，劳动力报酬受分工的正向影响尤为显著。

交通基础设施通过降低“冰山成本”来推动区域产业结构变迁的过程中，厂商在生产规模选择过程中信息并非是完全流动的。由此带来的区域内厂商过度集聚会推动生产要素价格上涨，这将削弱生产规模扩大所带来的“干中学”效应。因此，短期内区域产业结构的调整并不一定带来整个区域的全要素生产率上升，但长期的博弈往往会有利于跨区域的产业分工。基于此，本文根据新经济地理学的分析框架，构建跨期套利模型分析交通基础设施与产业分工之间的关系，并通过空间杜宾模型验证不同类型交通基础设施在各产业分工中的作用。一方面，这是对已有研究中关于产业分工动态演进相关探讨的补充；另一方面，也基于中国区域发展不均衡的现状，考查交通基础设施在产业分工中的边界效应和空间溢出效应。另外，将城市群作为“以邻为伴”的样本，研究在消除政策性壁垒的情况下，缩短“时空距离”对区域产业结构的积极意义。

7.1.1 产业分工指标构建

区域内产业的分工一直以来都是区域经济发展中重要的研究方向，从

① 拥挤效应最初在生物学上被发现，后被引用到经济学领域，表示当某一产业在一地区的空间集聚过程中由于当地的资源环境承载能力、市场规模、技术水平等条件限制而产生的效率下降现象。

空间的角度来讨论产业分工现象由来已久，经典的经济学理论已经初步总结并认可了工业地理分布中交通基础设施所发挥的重要作用。19 世纪初赫克歇尔和他的学生俄林通过研究得出资源禀赋的差异性是决定地区间产业分工的基础，并且将区域间的贸易影响引入到产业结构的研究中（ohlin，B.，1933）[127]。同期也有学者认为规模报酬递增的产业更容易产生空间上的集聚[128]。而另一些理论则认为即使对于那些规模报酬不变或者规模报酬递减的行业，经济的外部性也可能导致生产集中在一些特定的区域（abdel-Rahman，1990）[129]。

在经济活动中，交通基础设施具有网络效应：一方面，伴随一地区的运输便利性的增加，要素和技术的空间流动为相邻区域带来正向影响，提高相邻区域的生产效率；另一方面，交通基础设施带来的运输效率提高也会产生虹吸效应①，使欠发达地区的生产要素加速向发达地区流动，从而对欠发达地区生产效率产生负向影响。类似的网络效应在产业分工过程中有相似效果：一方面，生产要素和技术在一地区的集聚，使该地区生产规模增加，当该产业在这一地区处于规模经济时，由于劳动生产效率的提高将促使该产业在该地区边际生产成本下降，从而促进该地区生产要素及技术投入回报率上升。这一效应 Abdel-Rahman 和 Combes（2008）[130] 分别通过理论及实证进行了验证。另一方面，Br ü lhart 和 Mathys（2008）[131] 认为产业聚集也有可能产生负效应，即生产过程中的拥挤效应②。他们通过对产业分工的过程进行研究，发现在产业分工过程中，由于要素的自由流动以及厂商之间的信息是非完全流动性，厂商在扩大生产规模上往往难以做到理性分工。过度集聚将导致土地、劳动力等生产要素的价格上升，技术

① 虹吸效应起源于物理学理论，本文中所指为经济发展中资源由经济欠发达地区向发达地区逆向流动的经济学现象。

② 拥挤效应最初在生物学上被发现，即著名的 Logistic growth model，后被引用到经济学领域，表示当某一产业在一地区的空间集聚过程中由于当地的资源环境承载能力、市场规模、技术水平等条件限制而产生的效率下降现象。

要素带来的生产效率提高效果被削弱，从而造成该地区的生产要素投入回报率下降。所以，产业分工在短期内同样会有双向结果，但这一结果在长期看来经过多次博弈往往会带来最优分工结构。

关于产业分工对劳动力要素价格的影响，杨仁发通过对我国269个城市数据的实证研究，发现产业分工在制造业领域表现出对劳动工资的负效应，在生活性服务业表现出显著的正效应，而在生产性服务业在分工集聚过程中，工资水平并未受到显著性影响。制造业和服务业的协同分工会对全产业劳动工资产生显著正向影响效应[132]。由此可见，产业分工的过程中既有可能提高劳动生产率，也有可能由于过度分工产生负向效应，从而降低该地区的劳动生产率，而这一切的前提都是生产要素的自由转移。然而，决定生产要素能否自由流动的先决条件包括生产要素本身的可移动性、区域间的贸易壁垒以及促使要素流动的客观基础，即交通运输条件。我们将交通运输作为外生变量，其便利性及运输效率将直接影响经济生产中的成本。

中国幅员辽阔，其广阔的国土面积内既有沿海沿江地区，也有大量的内陆省份，还包括高原、丘陵等地理地貌。所以，研究中国各地区间产业分工也一直是国内外学者的研究焦点。关于产业分工研究方向，比较有代表性的研究方向有三种：一是地区间产业分工的测量方法，比较有代表性的是樊福卓（2007）[133]关于地区专业化度量方法的构建。他在对比分析了Hoover地方化指数、区域分工指数以及研究企业分工行为的γ_j指数后，对比三种研究地区专业化测度方法的特点，构造了地区专业化指标——地区专业化指数、Hoover指数、区域分工指数以及γ_j指数，分别是从地区、行业、企业方向来研究区域产业分工的问题。二是研究产业分工对经济发展所带来的影响。该类研究侧重于产业分工所产生的经济效应及社会效应，包括产业分工对生产效率的影响（文东伟，2011）[134]，产业分工对劳动力报酬的影响（Marshall，A.，1920）[135]。三是影响地区间产业分工的基础。有的学者研究了税收制度改革对产业分工的影响（唐东波，2013）[136]，有的学者则从地方保护主义的角度开展研究（白重恩，2004）[137]，还有的学者利用改革开放以来的数据探索中国产业分工的变动趋势。本章的目的在于探究交通基础设施在区域内以及区域间产业分工中所发挥的作用，并进一步探索通过交通设施来优化区域内和区域间的产业分工的方法。

假设在完全竞争的市场环境下，各地区根据自身的资源禀赋及技术效率决定本地的产业布局。由于中国国土面积大，不同省市间气候、人文以及地理条件各不相同，特别是沿海城市与内陆城市之间，在经济发展水平、基础设施以及人才存量方面都有较大差距。另外，考虑到中国西部地区的省份，特别是青海省和西藏、宁夏等几个自治区，其独特的地理特征、广阔的土地面积以及相对落后的经济结构，本章根据地理区位将中国大陆的 31 个省级行政单位分为东部、中部、西部三个区域开展研究，利用统计与计量方法对不同区域的省份（含直辖市、自治区）以及同区域内部的省份中交通运输对产业分工的影响效应展开研究分析。三大区域及城市群所涵盖的省市如前文所示。

本章选取 2001–2016 年中国大陆 31 个省市区统计数据来研究交通运输对各产业空间集聚的影响效应，数据来源于《中国统计年鉴》、《中国工业统计年鉴》及《中国城市统计年鉴》。

本章研究的四个产业为农林牧渔业、制造业、生产性服务业以及生活性服务业所涵盖的行业，按照最新修订①的《国民经济行业分类》标准所涵盖的细分产业，并结合数据的完整性及可靠性对每个行业大类选取几个代表性产业数据，具体指标及变量为表 7.1 所示：

---

① 《国民经济行业分类》国家标准于 1984 年首次发布，分别于 1994 年和 2002 年进行修订，2011 年第三次修订，2017 年第四次修订。该标准由国家统计局起草，国家质量监督检验检疫总局、国家标准化管理委员会批准发布，并于 2017 年 10 月 1 日实施。

表 7.1　各产业指标体系

一级指标	二级指标	研究变量
农林牧渔业	农业	农产品种植业年度产值
	林业	林木业年度产值
	畜牧业	畜牧养殖业年度产值
	渔业	海洋及内陆渔业年度产值
制造业	轻纺工业	食品、服装及家具加工制造年度产值
	资源加工工业	石化、医药及金属加工制造年度产值
	机器制造业	机器、设备及电子通信制造年度产值
生产性服务业	交通运输业	水、陆、空运输业年度产值
	物流业	仓储、邮政物流业年度产值
	金融服务业	金融业年度产值
	信息服务业	信息传输、计算机服务和软件业年度产值
生活性服务业	批发零售业	农产品、食品和工业制成品销售年度产值
	住宿餐饮业	旅游、住宿和餐饮业年度产值

在研究区域产业分工问题时，比较常用到的衡量指标有 Hoover 地方化指数、基尼系数和区域产业分工指数。Hoover 地方化指数被大量运用在对一个国家的地区专业化水平测度的研究中（陈钊，2016）[138]，而基尼系数则更多地被应用到测量地区的专业化指数 γ_j 中。本文参考保罗·克鲁格曼的研究方法，采用区域产业分工指数作为被解释变量，数据来源于《中国工业统计年鉴》《中国统计年鉴》以及《中国城市统计年鉴》。

在本章，我们用 S_{jk} 来表示地区间的分工指数，研究对象为中国大陆的 31 个省级行政单位，j 表示其中一个省级行政单位。有 $j = 1、2、3、k \dots 31$，n 表示中国大陆所包含的产业数量，i 表示其中一个产业，则：$i = 1、2、3 \dots n$；q_{ij} 表示第 i 个省份中第 j 个行业的产值，Q_{ij} 代表第 i 个省份所有工业产业的总产值，由此构建出区域产业分工指数：

$$s_{jk} = \sum_{i=1}^{n} \left| \frac{q_{ij}}{q_j} - \frac{q_{ik}}{q_k} \right| \tag{7.1}$$

从式 7.1 中可以看出，当 j 省份和 k 省份之间产业结构完全一致，即这两个城市之间不存在分工时，$s_{jk}=0$，反之当两个省份的产业完全互补时，$s_{jk}=2$，当该指数越大时，两省份间的分工越明显；越小则说明产业同构现象越严重。

控制变量

为了更准确地分析交通基础设施对区域产业分工的影响，实证分析中将引入四个控制变量。分别是：（1）区域政策开放度（*OI*）。开放水平中既有各地政府出于保护本地产业所设置的贸易壁垒，也包括各地居民长期以来的需求偏好，本文用贸易开放水平作为区域政策开放度的指征变量。以年度进出口总额与当地 *GDP* 的比值来作为开放程度的特征值。（2）规模经济（*scale*）。参考新经济地理学的假设，即随着生产规模的扩大，要素的生产效率提升，而这对产业集聚将产生一定的正向作用。基于此，以整个产业的年度总产出与企业数量的比值来反应该产业的平均企业规模，并以此作为衡量各区域规模经济的指标。（3）区域经济外部性（*ET*）。经济外部性是指生产要素、资本以及技术的溢出效应。关于经济外部性的衡量，现有的指标都无法完全准确地表达，并兼顾科学性和可行性。以某一产业中所有企业的专业技术人员数除以该产业所有劳动力的总数来代表该产业的技术水平。虽然这样衡量并不完全准确，但这是基于数据可得性和研究的可操作性的妥协，今后的研究中将就这一问题进行更深入的探讨。（4）地区产业分工的滞后期（*aggl*（*-1*）），本文研究了中国的交通基础设施和区域产业分工问题，在时间序列中表现出一定的惯性。无论是学理上还是中国的实际情况，都无法忽视产业分工深化的持续性。因此，本文将产业分工滞后期引入解释变量中。本文选取中国大陆的 31 个省级行政单位作为研究对象，数据来源于《中国统计年鉴》《中国交通年鉴》《中国工业年鉴》，并选择 12306 网站中的铁路数据验证各省市铁路的最新数据。

7.1.2 理论分析：两地区产业分工的一个简单模型

最早研究产业结构与经济发展水平之间关系的是英国著名经济学家威廉·配第，Krugman，Obstfel.（1999）[139]进一步研究，他指出经济发展与产业结构及地区间的产业分工有着密切关系。在古典学派中，李嘉图提出的比较优势学说为后人研究产业分工奠定了基础。在李嘉图的短期专业分工研究的基础上，1919 年由瑞典经济学家赫克舍尔（ELI. Heckscher）和其学生奥林（Bertil Ohlin）在考虑长期的劳动力以及资本的变化状态后，提出了一种基于长期的产业分工的国际贸易理论模型，称作赫克歇尔 - 俄林（H–O）模型（Ohlin,B.，1933）[140]。在赫克歇尔 - 俄林（H–O）模型中，俄林认为“空间”（Space）在要素禀赋理论中具有极为重要的作用。俄林的研究前提假设为：第一，生产要素在空间上被限制在相对固定的地理范围以内，不具备自由移动的条件；第二，运输过程中所产生的费用和距离、运输条件等在生产要素的自由移动中产生阻碍作用。这样一来，处于不同空间位置上的“各个国家之间就产生了某种自然差异，即各国拥有不同的生产要素的自然禀赋”（秋山裕著，刘通译，2014）[141]。由此可见，赫克歇尔 - 俄林理论的假定基础是生产要素在空间范围内的非自由流动性。

我们将以 H–O 模型为基础，来推导产业结构方程式，首先对相关变量进行说明，L 为生产要素劳动力，K 为资本量，T 为土地保有量，按照赫克歇尔和俄林的原始假设，农林牧渔业的主要投入为土地及劳动力，而工业的特征则需要大量投入资本（包括生产设备），由此 H–O 的原始假定模型为：

$$x_i = \gamma_0 + \gamma_1 ln\left(\frac{K}{L}\right) + \gamma_1\left[ln\left(\frac{K}{L}\right)\right]^2 + \gamma_3 ln\left(\frac{T}{L}\right) \tag{7.2}$$

其中 x_i 表示第 i 个产业的附加值比重，K/L 和 T/L 分别表示资本劳动力和土地劳动力比重。从式 7.2 中我们可以看出，对于农业（包含农、林、牧、渔业）这类依赖土地等自然资源的产业，由于生产要素的不可移动性，我们可以认为农业的产业分布受要素禀赋所决定。然而考虑到当前经济生产中并不仅限于农业和工业两部门，服务业也在国民产业中占据较大比例，且当前社会的服务业既包括生活性服务业还有技术密集型的生产性服务业[①]。这几个产业中，根据索罗增长模型中技术要素对经济增长的作用，本文在式 7.2 中引入技术变量，由此可以得到式 7.3：

$$x_i = \gamma_0 + \gamma_1 ln\left(\frac{K}{L}\right) + \gamma_1\left[ln\left(\frac{K}{L}\right)\right]^2 + \gamma_3 ln\left(\frac{T}{L}\right) + \gamma_4 ln\left(\frac{A}{L}\right) \qquad (7.3)$$

其中 A/L 表示技术劳动力比重，式 7.3 产业结构方程可以看出，决定产业附加值比重的因素包括土地、资本、劳动力以及技术要素，其中除土地生产要素外均为可移动，且在一国内部的移动并不像俄林所阐述的自由移动受限。因此，生产要素移动所产生的费用将对产业结构产生较大影响，即一国的交通运输条件及效率对产业结构会有重大影响，并由此产生地区间的产业分工。

为了更准确地表述一个地区产业的选择，我们从生产的角度展开讨论。假设 A 地存在某一产业 M，在生产过程中考虑到要素的流动性，所以 A 地在选择本地的主要产业时，在考虑要素禀赋的同时还要考虑异地要素流入的成本，假设 A 缺乏的生产要素或中间产品均来源于 B 地。本文重点研究制造业以及生产性服务业的分工，在此引入投入系数（input coefficient），用 a_{ij} 表示：

$$a_{ij} = \frac{x_{ij}}{x_j} \qquad (7.4)$$

i，j 表示第 i 个产业的第 j 种生产要素或中间产品，式 7.4 即为第 j 产

① 中国在《十一五纲要》首次明确生产性服务业的概念，指为保持工业生产过程的连续性、促进工业技术进步、产业升级和提高生产效率提供保障服务的服务行业。它是与制造业直接相关的配套服务业，是从制造业内部生产服务部门而独立发展起来的新兴产业，比如我们常见的现代物流业，软件开发业以及信息服务业等，具有较强的技术密集型特征。

业进行单位产品生产中需要投入 i 产业的多少单位中间产品，而整个生产过程中所产生的附加值系数 v_{ij} 即为第 j 产业的全部附加值：

$$v_j = 1 - \sum_i a_{ij} = \frac{x_j - \sum_i x_{ij}}{x_j} \tag{7.5}$$

在式 7.3 中我们提出技术、资本以及劳动力均为可移动生产要素，所以我们加入生产要素或中间产品的贸易，引入要素流动需求 m_i 来表示 A 地 M 产业选择生产一单位产品时，对 B 地生产要素或中间产品的需求：

$$m_i = \frac{M_i}{\sum_i x_{ij} + fd_i} \tag{7.6}$$

其中 M_i 为进口的生产要素或中间产品，fd_i 为作为最终产品的需求。产品的运输过程中将产生额外的运输费用，A 地从 B 地进口单位生产要素或中间产品的成本为 c_i，结合式 7.6 和式 7.5 并带入式 7.4 可以得出：

$$v_j = fd_j - c_j m_j = \frac{M_j}{m_j} - x_i \sum_i a_{ij} - c_j m_j \tag{7.7}$$

从式 7.7 中可以看出，c_i 越大则 v_j 越小，也就是说在 A 的产业选择中，并非完全取决于本地已有的生产要素禀赋，当 M 产业存在客观的附加值时，会选择从异地进口生产要素或者中间产品。而交通运输成本 c_j 在此过程中就成为决定产业附加值的重要决定因素，当 c_j 足够小而 v_j 足够大的时候，A 地会选择发展 M 产业，同样 B 地也会考虑从 A 地进口生产要素或中间产品来保障本地产业的发展。现实社会中当然不止 A，B 两地，进口生产要素的来源地也有更多选择，这时候交通运输就在各地间的产业集聚中发挥着至关重要的作用，本文将在后续章节通过实证验证交通基础设施对各地区不同产业的分工中的作用及影响机制。

7.1.3 产业的空间自相关检验

农林牧渔业作为资源密集型产业，其所依赖的土地、水源、地理特征等均难以流动，受本地的要素禀赋影响更为显著（Florence puech，2008）；而制造业，生产性服务业以及生活性服务业为资本以及技术密集型产业，其主要生产要素均可以通过运输手段进行空间上的转移（Young，A.，2000）[143]。因此，本文先对四个产业的空间布局进行分析，再对存在空间自相关的产业通过空间计量模型研究交通运输对各产业在空间分布集聚中的影响。为了研究各产业是否存在空间自相关，本章选取较为常用的莫兰指数①来验证各产业的空间分布是否具有自相关的特征。

考虑到数据的完整性以及可获得性②，本文研究时间跨度为2001年–2016年，为了较为全面地展示本文研究的农业、制造业、生产性服务业以及生活性服务业的空间聚集情况，同时考虑到文章的简洁直观，选取2001年、2006年、2011年以及2016年的四个产业分布数据，计算全局莫兰指数：

表7.2　产业集聚全局莫兰指数

时间	Variables	I	E（I）	sd（I）	z	p –value*
2001年	农业	0.168	0.033	0.112	1.795	0.036
	制造业	0.137	0.033	0.113	1.620	0.048
	生产性服务业	0.162	0.033	0.114	1.733	0.039
	生活性服务业	0.142	0.033	0.109	1.684	0.046
2006年	农业	0.187	0.033	0.100	2.206	0.014
	制造业	0.110	0.033	0.105	1.368	0.086
	生产性服务业	0.125	0.033	0.111	1.825	0.025
	生活性服务业	0.228	0.033	0.062	4.192	0.000

① 莫兰指数，由澳大利亚统计学家莫兰于1950年提出，主要用于度量指标的空间相关性，其数值介于–1至1之间，正值表示空间正相关，负值则表示空间负相关。

② 在2000年以前，由于信息传输、计算机服务业和软件业产值占比相对较低，中国的统计年鉴并未对该行业从业人员及产值进行完整的统计，而该行业近年来快速发展，作为生产性服务业以及其他产业技术支撑的作用不容忽视，故本文研究将该产业考虑在内，数据起始时间为2001年。

续表

时间	Variables	I	E（I）	sd（I）	z	p -value*
2011年	农业	0.237	0.033	0.110	2.452	0.007
	制造业	0.178	0.033	0.101	2.100	0.018
	生产性服务业	0.256	0.033	0.095	3.043	0.001
	生活性服务业	0.497	0.033	0.102	5.190	0.000
2016年	农业	0.130	0.033	0.108	1.514	0.065
	制造业	0. 209	0.033	0.108	2.006	0.022
	生产性服务业	0.204	0.033	0.111	1.633	0.043
	生活性服务业	0.191	0.033	0.109	2.246	0.011

注：数据来源于《中国统计年鉴》、《中国工业统计年鉴》以及《中国城市统计年鉴》，下同。

通过计算本章研究的四个产业全局莫兰指数，表7.2中可以直观地看出：①表中数据显示，P值均小于0.1，并且除了2006年的制造业（P值为0.086）及2016年的农业（P值为0.065）外，P值均小于0.05，由此我们可以认为，本文研究的四个产业在研究时间段内均表现出显著的空间自相关性。②本文研究的四个产业在研究时间段内全局莫兰指数“I”均处于-1至1的范围内，且均为正值，这表明中国大陆各省市农业、制造业、生产性服务业以及生活性服务业在全局范围内均表现出正向空间自相关性。由此说明，四个产业表现出空间分布位置的集聚。但全局莫兰指数数值存在较大差异，如最大值为生活性服务业2011年的0.497，而最小值是2006年的0.110，这说明不同产业的空间相关性存在较大差异，这与中国产业分布的情况也较为相符。由于东部沿海城市与中西部城市在经济发展及城市建设方面存在较大差异，所以要研究各产业在中国大陆31个省份更为准确的空间集聚情况，我们需要计算并展示局部莫兰指数。对此，本节对各省份的局部莫兰指数进行计算，并在平面直角坐标系中绘制散点图：

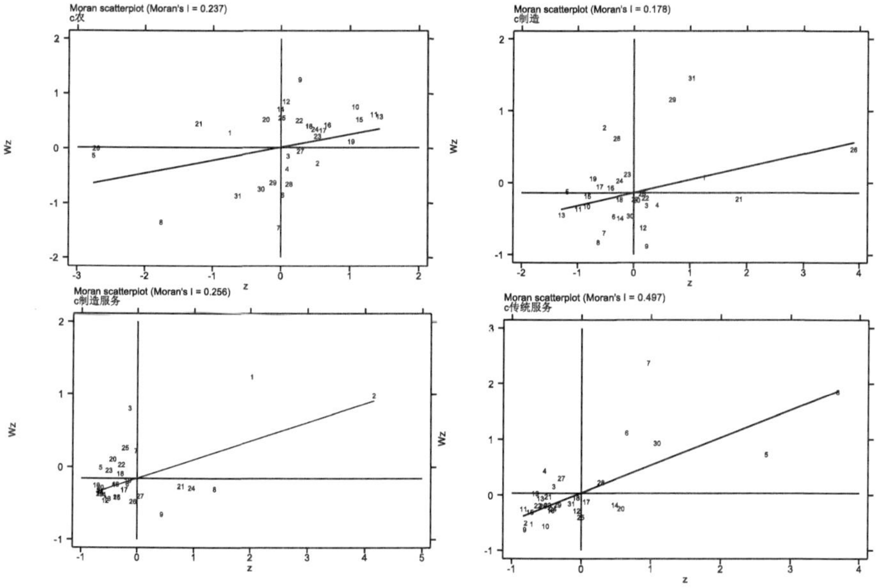

图 7.1 莫兰散点图（2011 年度）

注：由于文中涉及产业较多，时间跨度较长，故本文中仅选取 2011 年作为代表，未将所有年度的莫兰散点图全部列出，如需查阅全部年度莫兰散点图分布情况，请查阅附件数据及图表。

莫兰散点图从左到右从上到下依次是农业、制造业、生产性服务业以及生活性服务业的局部莫兰指数分布，从图中我们可以看出：①四个产业都表现出较为显著的空间自相关，但不同产业的莫兰散点图分布情况有较为明显的差距。②农业和生活性服务业莫兰散点图较为集中地分布在第一和第三象限，根据莫兰的研究说明，这属于典型的高高集聚（HH）和低低集聚（LL），也就意味着，在这两个产业中相邻地区间存在较为显著的影响，而较少出现“一枝独秀”的情况，这在我们的后续研究中要有所解释。③代表制造业和生产性服务业的两张莫兰散点图中，我们可以看出与其他两个产业所不同的地方，莫兰散点较为广泛地分布在第二和第三象限，这说明制造业和生产性服务业既存在相邻地区间较为显著的影响，也有部分“一枝独秀”的情况出现。这主要表现在部分省份聚集较多的制造业及生产性服务业，而其相邻的省份并不存在该情况，其中东部沿海省份的情况最为显著。

为了更准确地观察本章研究的农业、制造业、生产性服务业以及生活性服务业在各省份的分工布局，我们根据表 7.3 详细罗列出这四个产业在各省的莫兰散点象限分布情况：

表 7.3　中国大陆 31 个省份各产业莫兰指数分布

	第一象限	第二象限	第三象限	第四象限
农业	辽宁、吉林、黑龙江、安徽、福建、江西、山东、河南、湖北、湖南、广东、重庆、四川、贵州、云南、西藏	北京、广西、海南	江苏、浙江、山西、内蒙古、青海、宁夏、新疆	天津、河北、上海、陕西、甘肃
制造业	北京、西藏、青海、新疆	天津、江苏、河南、湖北、广东、四川、贵州、甘肃	浙江、山西、内蒙古、吉林、黑龙江、福建、江西、山东、湖南、陕西、宁夏	河北、上海、辽宁、安徽、广西、海南、重庆、云南
生产性服务业	北京、天津	河北、江苏、山西、湖南、广西、重庆、四川、云南	上海、浙江、吉林、黑龙江、安徽、福建、江西、山东、河南、湖北、广东、西藏、陕西、甘肃、青海、宁夏、新疆	内蒙古、辽宁、海南、贵州
生活性服务业	江苏、浙江、山西、内蒙古、甘肃、宁夏	河北、上海、陕西	北京、天津、辽宁、吉林、黑龙江、安徽、福建、山东、河南、湖南、广东、海南、重庆、四川、贵州、云南、西藏、青海、新疆	江西、湖北、广西

7.1.4 计量模型构建及实证分析

在已有研究中，对产业分工的影响因素分析往往侧重于考察政策性，要素禀赋情况以及贸易流动因素（Mathys，2008）[144]。本文为打破地理性产业分工壁垒，引入交通基础设施变量，同时将地方政策对外开放度，规模经济效应，经济外部性以及产业集聚滞后期作为控制变量引入。由于本文选取的数据为面板数据，在选择空间计量模型时，充分考虑莫兰指数分析及 wald 检验结果后，构建如下计量模型①：

$$aggl_{it} = \rho\sum_{j=1}^{N} w_{ij} aggl_{jt} + \alpha aggl_{it-1} + \beta\sum_{j=1}^{N} w_{ij} TR_{jt} + \gamma TR_{jt} + \sum_{i} \theta M_{it} + \alpha_0 + \epsilon \quad (7.8)$$

式 7.8 中，ρ为产业分工空间滞后项的系数，α为滞后一期产业分工的变量系数，β为交通基础设施变量空间滞后项的系数，γ为交通基础设施的系数，θ为控制变量的系数，ϵ为随机干扰项，在式 7.8 模型构建中，采用的是线性空间模型。然而在实际经济活动中，由于地方发展规划以及贸易地区差异等因素，不同地区的产业分工的行为可能并非一致。由此，我们假定中国大陆相邻的省市虽然在地理位置上相邻，但对产业分工的反应系数不相同，中国沿海省市与中西部省市所对应的产业分工反应系数不一。基于以上假设，本文参考 Elhorst 和 Fréret 的研究（2009）[145]，引入两区制的空间杜宾模型：

$$\begin{aligned} aggl_{it} = {} & \rho_1\sum_{j=1}^{N} d_{ij} w_{ij} aggl_{jt} + \rho_2\sum_{j=1}^{N} (I_{ij} - d_{ij}) w_{ij} aggl_{jt} + \alpha aggl_{it-1} \\ & + \beta\sum_{j=1}^{N} w_{ij} TR_{jt} + \gamma TR_{jt} + \sum_{i} \theta M_{it} + \alpha_0 + \epsilon \end{aligned} \quad (7.9)$$

式 7.9 中，ρ_1代表属于同一地理区域的相邻省市产业分工的反应系数，ρ_2代表地理位置上相邻但属于不同区域的省市产业分工的反应系数，I_{ij}代表标准化的地理相邻的空间权重矩阵，d_{ij}代表同一地理区域内相邻或者是否位于东部沿海区域的空间对角矩阵，其中对角元素的含义为：

$$d_{ij} = \begin{cases} 1; & \text{省市}i\text{与省市}j\text{在地理空间上相邻} \\ 0; & \text{不相邻} \end{cases}$$

---

① 在模型选择上，考虑到产业分工的空间溢出性以及交通运输的网络效应，理论上判断采用空间杜宾模型（SDM）更适用。在实际操作中，我们需对模型进行统计检验，以便选择合适的模型进行实证研究，我们通过 Wald 检验，结果显示，Robust-LM error 值为 11. 59，在 5% 水平下显著，所以拒绝原假设，由此认为选择空间面板杜宾模型更为合适，考虑到文章的简洁性及篇幅，检验过程不再进行详细展示，将以附件的形式附上以供其他研究学者们参考。

根据假定模型，本文选取中国大陆 31 个省级行政单位 2001–2016 年面板数据运用 stata15.0 进行模型估计，

（一）基准回归

首先对中国大陆地区的全样本进行回归分析，选取 31 个省级行政单位 2003–2018 年面板数据，构建空间杜宾模型，运用 stata15.0 对模型进行估计，软件运行结果为：

表 7.4　交通基础设施对各产业区域分工基准回归

变量	农林牧渔业	制造业	生产性服务业	生活性服务业
铁路	0.083 （0.648）	0.227** （0.017）	0.253** （0.042）	0.303** （0.042）
收费公路	0.083 （0.241）	0.042* （0.062）	0.193** （0.043）	0.098** （0.046）
免费公路	–0.083 （0.280）	0.176** （0.034）	0.304*** （0.004）	0.155 （0.124）
内河航道	–0.006 （0.610）	0.404** （0.023）	–0.015 （0.325）	–0.008 （0.743）
aggl（–1）	0.620*** （0.000）	0.412*** （0.000）	0.488*** （0.000）	0.299** （0.023）
OI	0.086 （0.273）	–0.051 （0.419）	0.057 0.598	0.325*** （0.006）
SCALE	–0.004 （0.810）	0.160** （0.014）	0.160*** （0.001）	0.036 （0.675）
ET	0.254** （0.020）	0.077* （0.075）	0.040** （0.013）	0.172** （0.035）
ϵ	0.521 （0.717）	0.264*** （0.000）	0.187** （0.001）	–0.291 （0.525）
观测数	465	465	465	465

注：*、** 和 *** 分别表示显著性水平为 10%、5% 和 1%（双侧）；模型中的回归均采用了一步稳健系统 GMM 估计，括号中的数值为 P 值，下同。

根据上表计量回归结果，可以看出：（1）农林牧渔业的区域分工中，铁路、公路和内河航道并不能产生显著的影响，说明该产业主要受气候和

地理条件的约束。（2）在制造业的区域分工过程中，铁路、免费公路以及内河航道均产生显著影响。说明在制造业发展过程中需要大量的投资和技术人才，铁路和收费公路能为劳动力和制造业生产所需要的中间产品的跨区域流动提供基础，铁路和水路能为制造业生产的部分中间产品和最终产品的跨区域流动提供基础。（3）生产性服务业与生活性服务业回归中，铁路、收费公路以及免费公路的回归结果均在 5% 的显著性水平下表现为显著，而内河航道则不显著。这是因为生产性服务业和生活性服务业在经济系统中共同之处在于人口流动对产业分工都有显著的影响，但生产性服务业的从业人员多是技术人才，在空间集聚过程中更多地受到资本和技术人员流动的影响。。

（二）地理区域异质性

为了更准确地探究交通基础设施对中国各产业分工的影响，同时考虑到中国各省市间产业结构、要素禀赋以及经济发展水平存在显著差异，经济发展的不均衡较为显著。作者对样本构建空间杜宾模型，并使用 stata15.0 进行模型的回归分析，计算结果为：

表 7.5　分区域交通基础设施对产业分工回归结果

变量	东部地区			中部地区			西部地区	
	制造	生产服务	生活服务	制造	生产服务	生活服务	制造	生产服务
铁路	0.143**	0.067**	0.319***	0.071**	0.049**	0.142**	0.087	0.021
	（0.025）	（0.037）	（0.002）	（0.022）	（0.042）	（0.018）	（0.817）	（0.426）
收费公路	0.089*	0.022	0.045	0.341**	0.234	0.074**	0.011	0.096**
	（0.051）	（0.780）	（0.962）	（0.016）	（0.013）	（0.046）	（0.329）	（0.034）
免费公路	−0.161***	−0.033**	0.149**	0.258***	0.261***	0.328***	0.149**	0.216*
	（0.006）	（0.017）	（0.032）	（0.005）	（0.003）	（0.004）	（0.032）	（0.071）
水路	0.044**	0.007	0.007	0.000	0.001	0.001	0.000	0.000
	（0.029）	（0.575）	（0.429）	（0.975）	（0.860）	（0.728）	（0.959）	（0.920）
aggl（−1）	0.391***	0.374**	0.437*	0.441***	0.438***	0.295***	0.437**	0.504***
	（0.002）	（0.027）	（0.089）	（0.000）	（0.000）	（0.002）	（0.039）	（0.000）

续表

变量	东部地区			中部地区			西部地区	
	制造	生产服务	生活服务	制造	生产服务	生活服务	制造	生产服务
OI	0.018 （0.448）	0.020 （0.744）	0..073*** （0.008）	0.012 （0.433）	0.029 （0.874）	0.007 （0.401）	0.061** （0.048）	0.019 （0.142）
SCALEE	0.149 （0.043）	0.171*** （0.001）	0.008 （0.232）	0.060* （0.091）	0.204** （0.014）	−0.022 （0.181）	0.039 （0.151）	0.006 （0.936）
ET	0.057* （0.053）	0.240** （0.012）	0.642*** （0.000）	0.078** （0.029）	0.067** （0.018）	0.056 （0.150）	0.130** （0.038）	0.065* （0.065）
ϵ	0.438 （0.021）	0.578* （0.072）	0.362** （0.042）	0.280** （0.026）	0.104** （0.033）	0.507** （0.018）	0.246** （0.032）	0.786*** （0.008）
观测数	180	180	180	135	135	135	150	150

注：回归结果显示西部地区生活性服务业的模型估计结果均不显著，为了表格简洁，不再报告。

表7.5为模型的回归结果，从表中可以看出：（1）区域产业结构的变迁过程，东部、中部和西部都在时间序列上表现出显著的连续性，但交通基础设施在各区域产业结构变迁中所产生的影响并不完全相同。与全样本实证分析结果不同的是，免费公路在东部区域的回归系数为负值，说明交通低等级公路网络的建设抑制了区域产业结构变迁的过程，这一现象作者认为是由交通基础设施的网络效应造成的，后续讨论中作者将结合中国实际情况展开分析。（2）西部地区各产业的跨空间分工过程中，生产性服务业区域产业结构随时间变迁而显著，而生活性服务业则不然。中部省份在各产业区域分工过程中，铁路、收费公路以及免费公路所产生的影响要比东部和西部区域更显著，且免费公路的计量分析结果尤为显著。这说明免费公路对中部区域各产业的垂直分工中发挥着显著的正向推动作用。水路基础设施仅在东部区域对制造业分工有较为显著的正向影响，这是由于东部地区内河航道数量较多，货运量占比较大。（3）在生产性服务业的区域分工中，中国东部地区交通基础设施中的铁路、收费公路以及免费公路均发挥着显著作用，在中部地区铁路和收费公路对生产性服务业区域分工的

影响更为显著。这是因为一方面中国东部地区省份，铁路的快速发展能为技术人员流动带来更高的效率，并且近年来高速铁路客运的发展对航空客运也产生一定的替代效应①。另一方面，资本和技术的交流能有效推动生产性服务业的区域分工，在中西部地区着力发展收费公路以及高速铁路可以有效推动生产性服务业的区域分工。

（三）城市群异质性

从前文分析可以看出，东部区域制造业、生产性服务业以及生活性服务业的垂直分工较中西部地区更为显著，且以收费公路和铁路为代表的交通基础设施对制造业和生产性服务业的区域分工现象也更为显著。长三角、珠三角以及环渤海城市群均位于中国东部地区，东部地区的产业分工变迁过程和区域产业结构演化都极为复杂。为了更准确地研究各种类型交通基础设施对区域经济一体化中产业分工的影响，选取长三角、珠三角和环渤海三个城市群 2003–2018 年间的交通基础设施和各产业的分工指数，运用空间杜宾模型进行回归，以对比分析城市群内部交通基础设施对产业集聚的效应。模型回归结果为表 7.6：

表 7.6　各城市群交通基础设施与区域分工

变量	制造业			生产性服务业			生活性服务业	
	长三角	珠三角	环渤海	长三角	珠三角	环渤海	长三角	珠三角
铁路	0.069**	0.101**	0.027**	0.146**	0.003**	0.012**	0.031**	0.091**
	（0.006）	（0.042）	（0028）	（0.042）	（0.039）	（0025）	（0.027）	（0.020）
收费公路	0.105**	0.035**	0.176***	0.025**	0.081**	0.022	0.087**	0.009**
	（0.010）	（0.012）	（0.000）	（0.019）	（0.032）	（0.095）	（0.021）	（0.049）
免费公路	0.015	0.177	0.156**	0.039***	0.011	0.062	0.061	–0.019
	（0.137）	（0.156）	（0.052）	（0.004）	（0.663）	（0.227）	（0.730）	（0.500）

① 高速铁路客运对航空客运的替代效应在 2010–2017 年《中国城市统计年鉴》中两者客运量变化趋势中有所体现。

续表

变量	制造业			生产性服务业			生活性服务业	
	长三角	珠三角	环渤海	长三角	珠三角	环渤海	长三角	珠三角
水路	0.002**	0.002**	0.006**	-0.043	-0.037	0.002*	0.190**	0.154*
	(0.019)	(0.016)	(0.031)	(0.254)	(0.100)	(0.075)	(0.077)	(0.091)
aggl(-1)	0.3916***	0.438***	0.504***	0.374**	0.441***	0.437**	0.433*	0.295***
	(0.002)	(0.000)	(0.000)	(0.027)	(0.000)	(0.039)	(0.009)	(0.002)
OI	-0.0025	0.126**	0.023	0.020	0.012	0.069**	0..079***	0.046*
	(0.384)	(0.011)	(0.266)	(0.744)	(0.433)	(0.048)	(0.008)	(0.055)
SCALEE	0.1495**	0.201**	0.007	0.178***	0.062*	0.039	0.008	-0.022
	(0.043)	(0.014)	(0.936)	(0.001)	(0.091)	(0.151)	(0.232)	(0.181)
ET	-0.0034	0.007	0.008	0.241**	0.054	-0.035	0.002	0.212**
	(0.874)	(0.784)	(0.232)	(0.012)	(0.117)	(0.208)	(0.135)	(0.012)
ϵ	0.02331*	0.140	0.131**	0.011	-0.053	-0.021	0.002	0.161**
	(0.062)	(0.267)	(0.039)	(0.706)	(0.111)	(0.474)	(0.313)	(0.031)
观测数	288	208	160	288	208	160	208	160

通过对长三角、珠三角以及环渤海三个城市群交通基础设施和产业分工指数展开实证分析，得出以下结果：（1）由于三大城市群都经过交流、协商、会谈等行政措施从公共管理方面为区域经济一体化提供更多政府层面的支持，所以这三个区域内部制造业、生产性服务业以及生活性服务业的区域分工现象更为显著，产业分工更为合理。（2）铁路基础设施在三个区域内对产业分工的模型回归结果显示，估计值显著性水平P值最大为0.042<0.05，且估计系数均为正值。这说明在三个区域铁路基础设施对制造业、生产性服务业以及生活性服务业的区域分工都有显著的正向作用。（3）公路方面，收费公路表现与免费公路存在显著差异，收费公路在长三角、珠三角和环渤海三个城市群对各产业的回归结果显示，除环渤海地区生产性服务业外，其他回归结果均显著。说明除环渤海地区外，收费公路对制造业、生产性服务业以及生活性服务业的区域分工均表现出显著的正

向效应。而免费公路的表现则截然不同，除了长三角地区的生产性服务业外，其他区域以及其他产业的回归结果均为不显著，也就是说除了长三角地区以外，免费公路对于各区域的产业分工并没有显著的影响。（4）前文分析中，水运基础设施仅在东部区域的部分产业表现出相对显著的效应，对三大城市群的分析显示：制造业的回归估计在三个区域的显著性水平 P 值均小于 0.05；制造业和生活性服务业模型回归的 P 值均大于 0.05。由此可以说明水运基础设施仅在制造业区域分工过程中发挥着显著的正向效应，而对生产性服务业和生活性服务业的影响并不显著。（5）其他控制变量的表现与前文东部地区的回归结果基本一致，产业分工滞后期对当期的影响为显著的正效应，规模经济效应、经济外部性以及政策开放度对产业分工的影响在城市群内部和外部并不明显差别。这说明东部三大城市群的经济一体化发展中，产业布局以及基础设施共享等方面更受重视，并且这三个城市群人为设置的壁垒较少。

（四）研究结论

本节研究了交通基础设施对中国大陆各省市以及各区域产业分工的影响，实证分析中采用两区制空间杜宾模型。通过省际、三区域以及城市群的实证对比分析结果，可以得出以下几点结论与建议：

第一，近年来，中国在交通基建方面进行了大量的投资，这也加强了了省市间的协作。以制造业、生产性服务业和生活性服务业为代表的市场依赖型产业在地区间的分工在加速。与此同时，交通基础设施的网络效应所带来的人口大范围流动、区域间发展不均衡的问题依然存在。

第二，随着经济的发展，广而全的交通基建投资所带来的的边际效益逐步下降。从 2004–2019 年的数据分析结果可以看出，在中国西部地区，以铁路为代表的客运基础设施主要作用在民生领域。为了中西部地区承接东部地区的产业转移和扩散，将有限的资金用于公路基础设施建设能发挥更显著的效果。

第三，以长三角、珠三角和环渤海城市群为代表的区域协同发展模式中，交通基础设施对产业分工的边际效用更显著。这也说明了“以邻为壑”的思维在中国大陆的很多省市仍然存在，人为设置的壁垒阻碍了劳动力、生产资料以及资本的流动。这无疑影响了市场一体化的进程，从而对制造业和服务业的生产效率产生一定的负面影响。

第四，中国大陆各省市之间，由于经济发展水平，产业结构存在较大差异，所以全国范围的产业转移分工将是一个长期的过程，其在时间上会表现出一定的持续性。交通基础设施网络的建设不是一蹴而就的，以交通基建推动产业分工过程时，适当增加 PPP（Public-Private-Partnership）项目，更有助于市场发挥作用。

7.2 交通基础设施与区域产业关联

区域产业一体化表现为区域内产业通过分工、转移、扩散形成高效生产的产业结构。产业一体化是在区域内形成完整的产业链，实现产业链各个环节的高效生产。所以，产业一体化体现在产业的分工和协作两个方面。本章第一节研究了交通基础设施对产业分工的影响，本节将通过相关数据，采用与前节相似的实证模型研究交通基础设施对产业关联性的影响。

7.2.1 产业关联指标构建

由于产业分工促使产业链的形成，产业链中上游产业的产出将作为下游产业的投入，为了计算产业链中一个生产部门产出变化对其他部门的影响，我们先从需求的视角出发，用 X 表示总产出，A 表示投入，y 表示需求向量，则有：

$$X = Ax + y \tag{7.10}$$

对方程进行求解，可得：

$$X = (I - A)^{-1} \cdot y \tag{7.11}$$

其中 $(I - A)^{-1}$ 即为里昂惕夫逆矩阵 L，假定矩阵中的投入系数 a_{ji} 为固定值，可以计算得出总产出增加量：

$$\Delta x = L \cdot \Delta y = (I + A + A^2 + A^3 + \ldots) \cdot \Delta y \tag{7.12}$$

当部门 j 的最终需求增加时，对部门 i 的总产出所带来的增加量为：

$$\Delta x_i = l_{ij} = a_{ji} + \sum_k a_{ik} a_{kj} + \sum_k \sum_m a_{ik} a_{km} a_{mj} + \ldots \tag{7.13}$$

式 7.13 中第一项即为产业链中上游产业对直接投入的下游产业的直接影响，后续每一项均代表多一个环节的产业影响。在考虑产业链最初环节时，即 $i=j$ 时，总产出每增加一个单位需求，首先导致自身的产出增加，此时总产出的增加值可以记为：

$$\Delta x_j = l_{jj} = 1 + a_{ji} + \sum_k a_{ik} a_{kj} + \sum_k \sum_m a_{ik} a_{km} a_{mj} + \ldots \tag{7.14}$$

综合上述公式，可以计算出部门 i 最终总产出每增加一个单位时，产业链每个环节所经历的平均步数为：

$$APL_{ij} = \frac{a_{ji} + 2\sum_k a_{ik} a_{kj} + 3\sum_k \sum_m a_{ik} a_{km} a_{mj} + \ldots}{l_{ij}} \tag{7.15}$$

令 $H = A + 2A^2 + 3A^3 + \ldots = L \cdot (L - 1)$ 可以得出需求拉动型全产业链最终产出增加的平均波及步数：

$$APL_{ij} = \begin{cases} \dfrac{h_{ij}}{l_{ij}} - 1 i = J \\ \dfrac{h_{ij}}{l_{ij}} i \neq j \end{cases} \tag{7.16}$$

对于成本推动型的计算方法类型，由此可以分别计算出需求拉动型（前项视角）的平均波及步数 FA_i 和成本推动型（后项视角）的平均波及系

数 BA_j 分别为：

$$FA_i = \frac{1}{n}\sum_{j=1}^{n} APL_{ij}, BA_j = \frac{1}{n}\sum_{i=1}^{n} APL_{ij} \tag{7.17}$$

从式 7.17 可以看出：当某一部门的 *FA* 值较大而 *BA* 值较小时，该部门的成本增加对产业链其他环节的影响较大，而该部门的需求增加对产业链的其他环节影响较小，这意味着该部门处于全产业链的上游。同理当某一部门的 *FA* 值较小而 *BA* 值较大时，则说明该部门处于全产业链的下游。

对于整个区域的产业结构而言，可以构建出经济复杂指数（*CI*）：

$$CI = \frac{1}{n^2}\sum_{i=1}^{n}\sum_{j=1}^{n} APL_{ij} \tag{7.18}$$

CI 值可以直观地反映需求拉动和成本推动下，整个区域内全产业链中每个环节产出增加对其他环节的影响，*CI* 值越高说明产业链越长，各产业间的联系越紧密，整个区域的产业结构越完整。

7.2.2 数据来源及处理

本文对于经济复杂度指数（*CI*）的测算数据来源于国家和各省份的投入产出表。1987 年国务院在《关于进行全国投入产出调查的通知》中要求国家及各省每五年（逢 2 和 7 的年份）进行投入产出调查并编制“投入产出表”，国家及部分省份统计局逢 0 和 5 的年份增加编制“投入产出延长表”。为了数据的完整性和研究的科学性，本文选取 2002 年、2005 年、2007 年、2010 年、2012 年和 2015 年的中国及各省份投入产出（延长）表的数据来测算 *CI* 值①。由于各年度投入产出表的部门分类有一定差别，我们对各年份表中部门进行整理，参考吴三忙（2013）[146] 的处理办法，得出统一的投入产出统计部门：

---

① 2000 年也有部分省份编制投入产出表但数据不完整，西藏自治区仅在 2012 年发布投入产出表，所以本章的研究数据仅包括中国大陆 30 个省份 6 个年份的数据。

表 7.7　投入产出部门

编号	部门	编号	部门
1	农业	15	交通运输设备制造业
2	能源矿产开采业	16	电气机械及器材制造业
3	金属矿和非金属矿采选业	17	通信设备、计算机及其他电子设备制造业
4	食品制造及烟草加工业	18	仪器仪表及文化、办公用机械制造业
5	纺织业	19	其他制造业
6	服装皮革羽绒及其制品业	20	电力、热力和自来水的生产和供应业
7	木材加工及家具制造业	21	建筑业
8	造纸印刷及文教用品制造业	22	交通邮政业
9	石油加工、炼焦、煤气及核燃料加工业	23	房地产及社会服务业
10	化学工业	24	文教卫生科研事业
11	非金属矿物制品业	25	批发和零售贸易业
12	金属冶炼及压延加工业	26	金融保险业
13	金属制品业	27	公共管理和社会组织
14	通用、专用设备制造业		

7.2.3 实证分析

交通基础设施通过缩短“时空距离”，推动全产业链中各环节的协作，提高整个区域的生产效率。区域内各产业之间的协作与分工共同构成了产业结构的一体化，因此，本文在研究交通基础设施对区域内产业关联的影响时，采用与前文相似的计量模型：

$$CI_{it}=\rho_3\sum_{j=1}^{N}d_{ij}w_{ij}CI_{jt}+\rho_4\sum_{j=1}^{N}(I_{ij}-d_{ij})w_{ij}CI_{jt}+\alpha^{i®}CI_{it-1}+\beta^{i®}\sum_{j=1}^{N}w_{ij}TR_{jt}$$
$$+\gamma^{i®}TR_{jt}+\sum_{i}\theta^{i®}M_{it}+\alpha^{i®}{}_{0}+\epsilon^{i®}$$

（7.19）

式 7.19 中 CI_{it} 为经济复杂指数，用来表示产业间的关联程度，ρ 为产业关联空间滞后项的系数，$\alpha^{i®}$ 为滞后一期产业关联的变量系数，$\beta^{i®}$ 为交通基础设施变量空间滞后项的系数，$\gamma^{i®}$为交通基础设施的系数，$\theta^{i®}$为控制变量的系数，ϵ为随机干扰项。根据式 6.2 构建的两区制空间杜宾模型，分别选取中国大陆 30 个省市（由于数据缺失，本节实证分析不包含西藏）以及东部、中部和西部三个地区的数据，[①]运用stata15.0进行模型估计，结果为表 7.8：

表 7.8　交通基础设施与区域产业结构

变量	全样本	东部	中部	西部
铁路	0.09	0.260**	0.229**	0.147
	（0.126）	（0.025）	（0.036）	（0.270）
高速公路	0.184**	0.096**	0.122**	0.169**
	（0.037）	（0.049）	（0.015）	（0.019）
普通公路	–0.068	0.082**	0.037**	–0.169
	（0.67）	（0.035）	（0.022）	（0.141）
水路基础设施	0.001	0.126**	0.022	–0.039
	（0.962）	（0.031）	（0.181）	（0.306）
aggl（–1）	0.452***	0.404***	0.489***	0.337***
	（0.000）	（0.000）	（0.000）	（0.003）
OI	0.018	–0.045*	0.0256**	0.249
	（0.949）	（0.064）	（0.015）	（0.379）
SCALE	–0.035	0.014**	0.11***	0.004
	（0.176）	（0.024）	（0.000）	（0.527）
ET	–0.068	0.070**	–0.101	0.285**
	（0.879）	（0.043）	（0.346）	（0.043）
ε	–0.334	0.418***	0.727**	–0.448
	（0.534）	（0.000）	（0.031）	（0.244）

① 本节并未对长三角、珠三角以及环渤海三个区域的产业关联进行研究，原因有两个方面，一是准确的投入产出表统计数据是以省为单位，缺乏地级市数据，而这三个区域省份数量很少，模型估计结果准确性得不到保证；二是如果以地级市为研究单位，就中国目前的经济情况而言，地级市范围较小，往往承担整个区域某几个产业类型，无法形成较为完整的产业链条。因此，研究结果并没有很大的价值。

从表 7.8 的模型回归结果我们可以看出：①在中国大陆的全样本估计中，高速公路对产业关联度的影响表现为显著。铁路在中国大陆看来并不能很显著地提升全国范围内的产业关联，但却能在东部和中部区域内加强产业间的关联协作。其深层次原因是中国大陆空间跨度较大，西部地区的产业结构优化，产业链各环节间的高效合作并未形成，而各区域内部则形成一定规模的产业链。另外，表 7.8 中产业关联度在 2001–2016 这十六年间表现出显著的持续性（ $\theta_i = 0.452$， p =0.000）。②分区域来看，东部区域铁路、高速公路、普通公路以及水运基础设施的模型估计显著性水平分别为 0.025、0.049、0.035、0.031，全部小于 0.05，且回归系数为正。这说明东部区域各项交通基础设施均对区域内产业之间的关联有显著正向影响，通过完善交通基础设施网络能有效推动区域内全产业链的形成。中部地区在 5% 的显著性水平下，铁路、高速公路和普通公路对区域内产业关联的影响显著，回归系数均为正值，而水路基础设施则表现出不显著，这说明陆路交通基础设施是推动中部区域全产业链形成的关键。西部地区交通基础设施中铁路的显著性水平为 0.270>0.05，高速公路的显著性水平为 0.019<0.05，而其他交通基础设施的模型回归显著性水平都大于 0.05。这说明西部地区只有高速公路的建设能有效推动全产业链的形成，而铁路、普通公路和内河航道并不能对产业间的协作发挥显著作用。③在全样本及三个区域中，产业结构均在时间序列上表现出明显的持续性，且东部和中部地区贸易开放度和企业规模对全产业链的形成也表现出显著的正向效应。

7.3 本章小结

本章研究了交通基础设施对中国大陆各省市以及各区域产业一体化的影响，研究交通基础设施对区域产业一体化时从产业分工和产业关联两个角度展开。为了保证研究过程的严谨性以及研究结果的可靠性，本文引入了政策开放度、规模经济效应、经济外部性以及产业分工滞后期作为控制变量，实证分析中采用两区制空间杜宾模型。通过省际、三区域以及城市群的对比分析、实证分析的结果可以得出以下几点结论：

7.3.1 各产业的区域分工

中国大陆的农业、制造业、生产性服务业以及生活性服务业这四个类型的产业均在各区域内呈现出一定的分工，且产业的区域分工表现出显著的时间序列上的持续性。不过，各类型的产业在中国各地区的分工现状和发展趋势均存在显著的差异。具体来看，农林牧渔业作为传统的自然资源密集型产业，其产业发展所需要的生产要素更多地依赖于本地自然资源禀赋。所以，产业的区域分工现象也不随外界因素显著波动。交通基础设施并不能直接影响农林牧渔业的区域分工，但交通基础设施对市场扩大、物流运输效率的改善以及农林牧渔生产过程中的机器制造均有显著的影响，所以交通基础设施并非对农林牧渔业完全无影响，而是间接地发展其在流通领域的效用以推动其产业规模扩大。与以往关于国家之间产业一体化的研究不同的是，本文通过实证分析发现贸易自由度在中国的东部地区对所有产业的区域分工都不存在显著的影响。结合中国国情以及东部地区各省市间的贸易条件，我们认为中国的东部地区，尤其以三大城市群为代表的沿海地区，省市间并不存在显著的贸易壁垒，商品流通的成本较低。该结果也证实了区域政策经济一体化对产业分工的积极影响作用。但中国作为地域辽阔、人口众多的大国，国内并非所有省市间的贸易壁垒都已经完全消除，从中西部地区实证分析结果可以看出，贸易自由度对区域产业分工过程具有直接且显著的影响。这说明中国大陆的中部以及西部地区各省市间仍然存在着贸易壁垒，从政策上引导省市间开放商品及要素市场，能有效推动各地产业的分工，从而提高生产效率。前文实证结果显示，规模经济能在各产业的空间集聚过程中发挥显著的正向作用，其原因可以从两方面来看：一是生产规模的扩大有助于提高生产要素的边际产出，从而带来生产成本的下降，由此带来市场经济实力的增加，进而扩大再生产，实现产业分工；二是由于规模经济厂商在生产过程中可以获得更多的利润，而厂商为了长远发展势必在人才引进和技术创新方面进行更多的投入，从而对生产链上的上下游厂商产生集聚效应。文中关于经济外部性的回归结果表明其对制造业和生产型服务业的区域分工表现出显著的正向影响，这是由于技术的外溢效应，技术溢出将引起全区域的技术进步，从而产生投资转移和投资创造效应，进一步引致整个产业链条的区域分工。通过前文分析，我们可以看出，在中国大陆东西部的制造业、生产性服务业和生活性服务业的区域分工过程中，交通基础设施都发挥着显著的正向推动作用。而各地投资建设中要根据本地的产业特征、各项交通基础设施的存量进行有针对性的规划，同时中西部省市的贸易自由度还有更大的改善空间。中国大多数省市的规模经济和经济外部性也需要进一步改善，从而共同推动产业的空间集聚，推动产业分工，并最终实现各产业生产过程的全要素生产率提升。

7.3.2 交通基础设施与制造业分工

在对制造业、生产性服务业和生活性服务业的区域分工现象进行理论和实证分析后，结果表明：制造业在中国大陆各个区域均表现出显著的空间自相关，而交通基础设施对于全样本，东部、中部、西部三个区域，长三角、珠三角、环渤海三个规划建设的城市群空间范围内的制造业分工均有一定的积极影响。分区域来看，在中国东部地区制造业的区域分工中，铁路、高速公路以及水路基础设施在推动制造业分工中都表现出显著的正向效应。由于制造业属于资本和技术密集型产业，在制造业发展过程中需要大量的投资和技术人才，铁路（尤其是高速铁路）和高速公路能为劳动力和制造业生产所需要的中间产品的跨区域流动提供基础，铁路和水路（主要是内河航道）能为制造业生产的部分中间产品和最终产品的跨区域流动提供基础。但是，由于中国东部地区的各个省市间在资本存量和技术水平以及制造业发展现状间存在显著差异，而交通基础设施本身又具有网络效应的属性，所以在部分省市，交通基础设施的虹吸效应使其对制造业的分工产生负向影响。再看中国中部和西部地区，制造业发展起步较晚，发展水平也显著落后于东部地区，仍然处于高速发展初级阶段。所以，在中西部地区，铁路、高速公路、普通公路以及水路基础设施的发展能有效推动资本、生产资料、技术以及产出品的流通，推动制造业的区域分工，从而实现高效生产。

7.3.3 交通基础设施与服务业分工

在国民经济产业划分中，早期的研究大多没有对服务业的构成进行细化，这也导致很多学者在研究产业分工时并没有将生产性服务业和生活性服务业进行分开讨论。事实上，这两个产业无论是在生产要素投入还是产品输出都存在着显著差异，这也就为本文研究交通基础设施和产业分工提供了更严谨的视角。根据前文以及学界对服务业的划分依据，生产型服务业主要包括物流、研发设计、信息服务以及金融服务等行业，由此可以看出，生产性服务业属于资本以及技术密集型产业，并且是作为制造业的上游产业存在。生活性服务业包括商品的批发零售、生活中的住宿餐饮等行业，属于典型的劳动密集型产业。两者共同之处在于人口流动对产业分工都有显著的影响，但生产性服务业的从业人员更多的是技术人才，其在空间集聚过程中更多地受到资本和技术人员流动的影响。根据实证分析的结果可以看出，在生产性服务业的区域分工中，中国东部地区交通基础设施中的铁路、高速公路以及普通公路均发挥着显著作用。在中部地区，铁路和高速公路对生产性服务业区域分工的影响则更为显著。这是因为一方面中国东部地区省份的铁路，尤其是高速铁路的快速发展能为技术人员流动带来更高的效率，而且近年来高速铁路客运的发展对航空客运也产生一定的替代效应[①]。另一方面，资本和技术的交流能有效推动生产性服务业的区域分工，所以参考东部省份的案例，在中西部地区着力发展高速公路和高速铁路可以有效推动生产性服务业的区域分工。生产性服务业和生活性服务业对其他产业的依赖也有差异。生产性服务业的产出更便于向异地输出，如生产性服务业的重要组成行业之一的物流业，其对交通基础设施的依赖性非常强。生活性服务业的产出则较多地依赖于其他产业所带来的消费群体，并且，近年来随着电子商务的发展，生活性服务业产出的流动也较大依赖于物流业的发展。综合考虑以上两方面，中国各省市在推动生产性服务业发展时，将工作重心放在高速公路和铁路会更有效，而且高速公路、铁路以及普通公路的发展都能有效推动生活性服务业的区域分工。

7.3.4 交通基础设施与城市群内产业分工

通过对中国发展较成熟的三个城市群和其他省市进行对比研究发现：①由于长三角、珠三角和环渤海城市群的区域经济一体化战略实施时间较长，一体化进程也比其他省市更深入，所以在产业分工中有更好的基础。结合前文分析产业分工的持续效应，在城市群中，产业分工的效率要明显高于外部地区。②通过对三大一体化城市的进一步研究发现，由于城市群内各城市间的地理距离相对较近，产业的空间溢出更便利，产业的空间转移粘性[②]相对较弱，这也为区域内经济发展中各产业的结构优化和区域分工消除或削弱障碍，同时为区域内不同成员间上下游产业的布局提供可靠保障。③在城市群内，基础设施的规划、建设以及使用更多的是进行通盘考虑，基础设施一体化走在产业一体化分工的前面，为产业的分工提供基础，基于此我们可以发现在城市群内部，交通基础设施对区域内的产业分

① 高速铁路客运对航空客运的替代效应在 2010–2017 年《中国城市统计年鉴》中两者客运量变化趋势中有所体现。

② 产业转移粘性是指在产业的空间转移过程中，由于生产基础、政策以及地区经济发展等外在因素的影响而导致转移过程中不能按照区域经济梯度逐步进行的现象。

工影响更为显著。

7.3.5 交通基础设施与产业关联

在研究中国大陆各区域产业关联时，实证分析结果显示从全国总体看来，交通基础设施并不能对研究中的 27 个产业跨空间协作产生显著影响。这是由于中国地域辽阔，各省市之间存在一定的产业同构现象，所以要实现全国范围内的一体化生产并不能仅靠改善交通基础设施网络来实现。分区域来看，东部、中部和西部地区，区域内的产业关联程度受交通基础设施的影响具有显著效应。东部地区铁路、公路和航道密度的增加都能在一定程度上推动全产业链的形成，增加产业链内各环节的协作。在中部地区，铁路和公路能对产业关联产生积极的推动作用，内河航道对区域内上下游产业之间协作的影响则并不显著。这是由于随着公路和铁路运输效率的提升以及中部地区内河航道运输能力的限制，人才、技术以及中间产品的流通更多依靠公路和铁路来实现，因此要在中部区域实现产业一体化，最直接有效的手段是建设更高效的陆路运输网络系统。在西部地区，高速公路对产业链的形成有显著影响，铁路、普通公路和内河航道的影响均不显著。结合中国西部地区的人口密度、经济发展水平以及长期存在的产业结构，要想实现西部区域内的产业一体化，最有效的手段是增加高速公路和铁路的建设。由于空间距离直接影响区域之间的产业转移和扩散，中国大陆的产业转移更多表现出东部区域流向中部区域、中部区域流向西部区域，各个区域的产业类型也不是一成不变的。因此，从长远看来，推动区域内全产业链的形成，加强上下游产业之间的协作首先要增加铁路和高速公路的建设，普通公路的优先级次之，中西部省份则暂时将内河航道建设作为重点。中国国内产业结构的改善，全产业链的形成有很多的限制，近期更应该加强某些空间距离较近省份之间的产业协作。由于数据的限制，本文并没有通过实证分析来验证长三角、珠三角以及环渤海三个区域内部的产业关联，但从地理位置和产业结构来看，这三个区域内的产业结构理论上是更紧密的，产业链也更成熟。

综上所述，中国三个区域各省份之间，东部、中部、西部三个区域，以及长三角、珠三角和环渤海三个区域由于经济发展水平，产业结构存在较大差异，所以在推动区域内的产业分工协作、全产业链的形成时，交通基础设施所带来的物流成本降低具有显著的积极影响。产业一体化是一个长期的过程，不论是产业分工还是产业关联，其在时间序列上都表现出一定的持续性。而交通—物流成本依赖于交通基础设施，交通基础设施网络的建设不是一蹴而就的，所以在交通基础设施推动产业一体化过程中，针对性地调整交通基础规划建设，以实现区域产业分工和产业关联为目标。当然，本章节的研究还有一定的可延伸之处，如进一步研究高铁在各产业分工中的作用，由于中国高铁投入运营时间相对较短，且东部和中西部高速铁路不管在线路里程还是车次方面都有较大差距，我们今后将在合适的时间点展开相关研究。

第八章　结论及思考

本文对交通基础设施对区域经济一体化发展过程的影响做了系统且详细的研究。首先对不同类型交通基础设施在区域经济一体化发展进程中的影响进行理论分析，然后通过实证模型分别就交通基础设施对区域经济一体化的两个子维度——区域生产一体化和区域流通一体化的影响展开研究。

8.1 研究总结

本文的研究采用理论分析与实证分析相结合的方式展开，根据已有文献的综述以及大市场理论、产业分工理论、交易成本理论以及核心边缘理论的相关阐述。我们从理论上可以得出本文最基本的研究假设：第一，区域经济一体化能够带来经济增长，中国不论是中央政府还是地方政府都将区域经济一体化作为推动经济持续增长的宏观政策手段。第二，交通基础设施能对区域经济一体化产生正向的作用，中国的国情决定了大陆各省市的交通基础设施投资中大部分是由政府直接或主导建设的。所以，中国区域经济一体化的深化在决策上由于少了多头博弈的过程会更有效率。根据相关理论基础，本文将区域经济一体化分为两个维度，即：流通领域的一体化和生产领域的一体化，分别对应市场一体化和产业一体化。当这两个维度都实现高度一体化之后，中国国内就实现了区域经济协同发展最高效形态，巴拉萨将之称为“完全经济一体化”。由于中国的地域面积辽阔，各地经济基础差异较大，居民生活消费以及劳动习惯并不相同，所以本文在研究中国大陆交通基础设施与区域经济一体化过程中，分别进行理论和实证分析，通过对相关研究进行总结，可以得出以下结论：

8.1.1 地区间经济一体化发展水平差异显著

由于中国地域面积辽阔，人口基数大，地理地貌种类丰富以及居民生活习惯跨区域差异明显，中国大陆要实现全国范围内的区域经济一体化暂时并不具备客观条件。传统上，中国大陆根据各省市的地理位置被划分为东部、中部和西部三个区域，由于三个区域的要素禀赋以及经济基础都存在差异，所以这三个区域内部经济一体化的发展水平也存在显著差异。通过前文的分析我们可以看出，目前中国较为成熟的经济一体化区域大多以城市群或城市带的形式存在。而目前已规划的七个城市群大多存在于东部地区，中部地区相对较少，而西部地区尚未形成市场统一、产业合理布局、基础设施协同共建的城市群或城市带。中共中央十九大报告中，国务院在工作规划中多次将“区域协调发展”作为全国经济发展重要方向。当前，中国地区间区域经济一体化发展并不平衡，存在显著的东强西弱的特征，交通基础设施作为推动区域经济一体化的重要手段，在未来规划建设中，有必要综合考虑各区域间经济一体化的水平，根据各地区的特点有针对性地规划实施，才能在全国范围内实现最高程度的“完全经济一体化”，实现经济的高效率发展。

8.1.2 市场一体化和产业一体化发展水平差异显著

区域经济一体化作为一个综合的经济问题，本文的研究从生产、流通两个角度展开，分别对应了市场一体化和产业一体化，两者之间既有相对独立的方面，又存在一定的关联，同时从中国大陆各省市以及各区域看来，市场一体化和产业一体化的过程并不是同步发展的。首先是市场一体化，从国际上来看，市场一体化的主要阻碍是“交通－物流”成本和贸易壁垒，本文第五章就中国大陆商品市场的研究结果表明，中国市场一体化过程中政府人为设置的贸易壁垒已经处于相对较弱的状态，对商品市场的流通并不构成显著的阻碍，所以商品流通效率主要受交通 – 物流成本的影响。中国不同地区交通基础设施存量及交通网络成熟度存在差异，因此要通过建设良好的交通基础设施网络来降低物流成本，从而推动区域市场一体化遵循“因地制宜”的思想。其次是产业一体化，区域产业一体化表现为区域内部产业合理分工，产业链上下游紧密关联，产业结构合理高效。根据斯密定理及大市场理论，建立更大规模的市场有助于产业分工，因此，产业一体化的过程与市场一体化的过程有密切关系。但从本文第六章的研究可以看出，中国各区域都存在显著的产业一体化先于或落后于市场一体化的现象，区域内部的产业分工和关联显著高于区域之间的现象，由此带来的劳动力跨区域流动对全国性的产业分工协作会产生一定的消极作用。在此过程中，交通基础设施作为要素、产品以及人员流动的载体，能有效推动区域产业一体化的发展。综合本文第五章和第六章的研究，中国在区域经济一体化的过程中，生产领域和流通领域的发展过程并不同步，要实现“完全的区域经济一体化”就需要这两个方面的高度一体化。在此过程中，交通基础设施通过降低交通 – 物流成本，带动政府对其他基础设施的投资建设，推动市场、产业和整体基础设施的向前发展，为区域经济一体化提供直接的动力。各地在规划和建设交通基础设施网络时，要充分考虑本地区及相关地区的需求，提高生产要素的产出效率。

8.1.3 交通基础设施对区域经济一体化的横向及纵向影响差异显著

交通基础设施作为一个综合指标，其包含水、陆、空三个方面，本文中的交通基础设施从铁路、公路以及水路三个角度展开。由于公路从运行等级上分为高速公路、一级公路、二级公路、三级公路以及更低层级的公路，而根据运输成本又分为收费公路和免费公路。本文研究的是交通基础设施对区域经济一体化的影响，研究的重点是交通基础设施在人员及货物运输中的作用。因此，本文关于交通基础设施的子维度分别是铁路、高速公路、普通公路和内河航道。从研究中可以看出，中国交通基础设施的发展呈现出和区域经济一体化相似的特征：即不同维度的交通基础设施发展水平差异显著，不同区域的交通基础设施发展水平差异显著。从交通基础设施的各维度来看，铁路和公路的发展更受到各地政府的重视，而高速铁路和高速公路由于相对存量水平的短缺，所以对经济发展推动作用更为直接且显著，成为基础设施重点投资方向；在区域间交通基础设施发展水平方面，由于经济基础差异，东部的发展进程要显著高于中西部地区，但这种差距显然不利于区域经济的一体化发展。中国的铁路和高速公路投资建设以政府为主导，所以，在规划中要根据各地市场一体化水平，区域产业结构以及居民消费习惯，有针对性地建设，才能更有效地推动中国国内区域经济一体化发展。

8.2 研究结论及建议

本文通过定性分析定量分析相结合的方法展开研究，通过系统的研究，我们可以得出以下结论：

8.2.1 交通基础设施与市场一体化

中国大陆所涵盖的31个省份，东部、中部、西部三个区域，长三角、珠三角和环渤海城市群，从这三组样本来看，市场分割指数均在波动中减小。说明在2001年到2016年，中国大陆各省市的市场分割情况均呈现出大幅下降的趋势，商品市场趋于统一。这一结果也再次验证了陈钊、陆铭等领域内知名专家学者的研究结论。分区域看，西部地区各省市的市场分割指数一直远超东部和中部地区，虽然西部地区的市场分割在减弱，但其市场一体化的步伐仍然落后于经济水平更高的东部地区和中部地区。造成这些的原因包括经济发展水平落后，基础设施规划缺乏前瞻性，基础设施存量不足以及财税政策和贸易开放过于保守。从长三角、珠三角和环渤海三个地区的研究结果可以看出：交通基础设施对市场分割呈现出弱化效应，但这一效应在城市群内部，特别是市场化较为成熟的珠三角以及长三角地区更为显著。一方面，这两个地区人员密度更大，商品流通速度更快；另一方面，这两个地区的交通基础设施存量较大，仍然处于规模报酬递增的阶段。由此延伸到全国，尤其是经济发展空间较大的中西部地区，进一步增加交通基础设施的投入，能对当前的市场分割产生显著弱化效应，从而推动国内市场的一体化，提高生产要素的效率。财税自由度，对外贸易自由度对市场分割仍然有较为直接的效应，虽然在经济较为发达的东部地区，各省市之间的政策和贸易歧视已经在逐年减弱，但在发展相对落后的中西部地区仍然是制约市场一体化的重要因素。

贸易以及财政税收的壁垒是加剧市场分割，形成“诸侯经济”的重要因素，对提高要素生产效率非常不利，要推动市场一体化就要通过行政手段及时清除这些壁垒。传统认知中通常认为货物运输成本的降低对促进市场一体化更为有效，而忽视了人员流动的作用，本文第六章通过时间序列上的分阶段实证分析可以看出，随着铁路、高速公路的发展，尤其是国内高速铁路的快速发展，人员流动的效率在不断提升。从 2009 年开始，中国迈入高铁时代，铁路在削弱市场分割过程中的效率显著提高。为了促进国内市场一体化，增加高速铁路的投入，推动劳动力特别是技术人员的流动，可以从技术壁垒、信息流通以及消费需求等方面推动市场一体化的进程。高速铁路的发展在一定程度上转移了公路客运压力，对公路货运有一定的促进作用，但公路涉及范围较广，既有高速公路和部分国道这一类收费公路，也有免费的国省干道以及其他低等级道路，货运车辆会根据运输的时间成本进行选择。另外，我国公路路况、应对拥堵处理以及公路事业性收费流程等都会制约公路货运能力的进步。所以，虽然交通基础设施对市场分割具有显著的弱化效应，但在进行交通基础设施的投入中也不能简单地大而全，不同类型的基础设施所产生的效果有较大差异，不同区域的要素禀赋及消费需求也并不一致。这就要求在交通基础设施投入中要充分考虑到每一个区域、每一个城市的现状，才能最有效地推动全国市场一体化。

8.2.2 交通基础设施与区域产业分工

中国大陆的农业、制造业、生产性服务业以及生活性服务业这四个类型的产业均在各区域内呈现出一定的分工，而且产业的区域分工表现出显著的时间序列上的持续性。不过，各类型的产业在中国各地区间的区域分工现状和发展趋势均存在显著的差异。具体看来，农林牧渔业作为传统的自然资源密集型产业，其产业发展所需要的生产要素更多地依赖于本地自然资源禀赋，由此产生的产业区域分工现象也不随外界因素显著波动，所以交通基础设施并不能直接影响农林牧渔业的区域分工。但交通基础设施对市场扩大、物流运输效率的改善以及农林牧渔生产过程中的机器制造均有显著的影响。所以，交通基础设施对农林牧渔业的分工虽然不产生直接影响，但可以间接地发展其在流通领域的效用以推动农林牧渔业规模的扩大。

与以往国家之间的研究所不同的是，本文通过实证分析发现贸易自由度在中国的东部地区对所有产业的区域分工都不存在显著的影响。结合中国国情以及东部地区各省市间的贸易条件，我们认为中国的东部地区，尤其以三大城市群为代表的沿海地区省市间并不存在显著的贸易壁垒，商品流通的贸易成本较低，该结果也证实了区域政策一体化对产业分工的积极影响作用。中国作为地域辽阔、人口众多的大国，国内并非所有省市间的贸易壁垒都已经完全消除，从中西部地区实证分析结果可以看出，贸易自由度对区域产业分工过程具有直接且显著的影响。这说明中国大陆的中部以及西部地区各省市间还存在着贸易壁垒，从政策上引导省市间开放商品及要素市场，能有效推动各地产业的分工，从而提高生产效率。前文实证结果显示规模经济能在各产业的空间集聚过程中发挥显著的正向作用。其原因可以从两方面来看：一是生产规模的扩大有助于提高生产要素的边际产出，从而带来生产成本的下降，由此带来市场经济力的增加，进而扩大再生产，实现产业分工；二是由于规模经济，厂商在生产过程中可以获得更多的利润，而厂商为了长远发展势必在人才引进和技术创新方面进行更多的投入，从而对生产链上的上下游厂商产生集聚效应。文中关于经济外部性的回归结果表明其对制造业和生产型服务业的区域分工表现出显著的正向影响。这是由于技术溢出能带动全区域的技术进步，从而产生投资转移和投资创造效应，进一步引导整个产业链条的区域分工。通过前文分析，我们可以看出中国大陆东西部的制造业、生产性服务业和生活性服务业的区域分工过程中，交通基础设施都发挥着显著的正向推动作用。各地在投资建设时要根据本地的产业结构、各项交通基础设施的存量进行有针对性的规划。中国中西部地区各省市的贸易自由度还有更大的改善空间，中国大多数省市的规模经济和经济外部性也需要进一步改善，从而共同推动产业的空间集聚，进一步推动产业分工，并最终实现各产业生产过程的全要素生产率提升。

8.2.3 交通基础设施与区域产业关联协作

实证分析结果显示：从全国总体看来，有些类型的交通基础设施并不能对研究中的 27 个产业跨空间协作产生显著影响。这是由于中国地域辽阔，各省市之间存在一定的产业同构现象。所以，要实现全国范围内的一体化生产并不能只依靠改善交通基础设施网络。分区域来看，东部、中部和西部地区，区域内的产业关联程度受交通基础设施的影响较小。东部地区铁路、公路和航道密度的增加都能从一定程度上推动全产业链的形成，增加产业链内各环节的协作。在中部地区，铁路和公路能对产业关联产生积极的推动作用，内河航道对区域内上下游产业之间协作的影响则并不显著。这是由于随着公路和铁路运输效率的提升以及中部地区内河航道运输能力的限制，人才、技术以及中间产品的流通更多地依靠公路和铁路来实现。因此，要在中部区域实现产业一体化，最直接有效的手段是建设更高效的陆路运输网络系统。在西部地区，高速公路对产业链的形成有显著影响，铁路、普通公路和内河航道的影响均不显著，结合中国西部地区的人口密度、经济发展水平以及长期存在的产业结构，要想实现西部区域内的产业一体化，最有效的手段是增加高速公路和铁路的建设。由于空间距离直接影响区域之间的产业转移和扩散，中国大陆的产业转移更多地表现出东部区域流向中部区域、中部区域流向西部区域，各个区域的产业类型也不是一成不变的。从长远看来，推动区域内全产业链的形成，加强上下游产业之间的协作首先要增加铁路和高速公路的建设，普通公路的优先级次之，中西部省份则暂时不需要将内河航道建设作为重点。中国国内产业结构的改善，全产业链的形成有很多的限制，近期更应该加强某些空间距离较近省份之间的产业协作。由于数据的限制，本文并没有通过实证分析来验证长三角、珠三角以及环渤海三个区域内部的产业关联，但从地理位置和产业结构来看，这三个区域内的产业结构理论上是更紧密的，产业链也更成熟。

综上所述，交通基础设施对中国区域经济一体化有显著的正向影响，国内市场一体化和产业一体化并不是同步发展的。交通基础设施对国内市场一体化的影响更直接，通过改善中国的交通基础设施网络，同时削弱或消除区域之间人为设置的贸易壁垒，中国区域性或全国性的市场一体化都可以实现。产业一体化更准确地理解是区域产业结构一体化，由于产业体现的是国民经济中的生产过程，所以要素禀赋、技术积累、产业链的发展水平以及关联产业的发展都能影响一个地区的产业结构。就中国当前实际情况看来，产业同构现象还非常普遍，全国性的产业分工和产业协作在短期内无法实现。在长三角、珠三角、环渤海等国家规划中的城市群内，通过建设高效的交通基础设施网络，缩短各省市间的“时空距离”能有效推动区域内的产业转移、扩散，实现区域内的产业合理分工，加强产业链各环节之间的关联协作，从而实现区域性的产业一体化。通过建设更有效的交通基础设施网络来推动区域经济一体化发展时，东部地区应遵循“铁路优先，公路次之”的原则，即优先建设高铁网络，然后是高速公路，普通公路和内河航道，这在一定程度上可以让渡预算。而中西部地区则应遵循“铁路公路齐头并进”的原则，这是由于中西部地区铁路、高速公路和普通公路网络相对落后，其对区域经济一体化边际效用较高，所以要优先建设铁路和公路，内河航道及其他交通基础设施的建设则可以让渡预算。基于此，区域性的经济一体化发展能够相对快速地推进，全国性经济一体化也会最终实现。

8.3 研究展望

本文的研究是初步的，存在一些不完善之处，还有一些问题需要在今后的研究中逐步解决：

8.3.1 有关劳动力市场分割的问题

在本文的研究中，研究市场一体化时主要针对商品市场，而对于劳动力的市场分割并未展开研究。这是由于在中国的很多省市，常住人口与户籍人口之间的差异较为显著，人口流动的数据无法进行准确的统计。在以北上广深为代表的一线城市，又聚集着大量的外来人口，他们的生产、生活和消费对市场一体化以及产业的分工协作都有直接的影响作用。但关于这类数据目前尚不存在权威统计来源，所以交通基础设施便于人口跨区域转移从而对区域经济一体化的影响将成为我们后续研究的方向之一。

8.3.2 有关交通基础设施衡量的问题

本文在衡量中国大陆各省市交通基础设施存量时，选择了公路、铁路和内河航道的密度，其缘由：一方面是这三种类型的交通基础设施所承载的客运量和货运量，在中国大陆占比均超过 85%，选择这三种类型的交通基础设施可以增强文章结论的比较价值；另一方面是受限于中国大陆统计数据的匮乏，寻找更全面的代替指标仍然存在一定困难。因此，在今后的研究中，随着高速铁路面板数据和航空运输数据的丰富，我们可以增加这两个变量来降低本研究的系统性偏误。

参考文献

[1] 习近平. 决胜全面建成小康社会夺取新时代中国特色社会主义伟大胜利 [R]. 中国共产党第十九次全国代表大会，2017.10.18.

[2] 聂惠明. 对外开放对珠三角城镇化的影响研究 [D]. 暨南大学硕士论文，2015.6.

[3] 唐立国. 长江三角洲地区城市产业结构的比较分析 [J]. 上海经济研究，2002（9）：31-39.

[4] 陈建军. 长江三角洲地区的产业同构及产业定位 [J]. 中国工业经济，2004（02）：19-26.

[5] 陈秀山. 中国区域差距影响因素的实证研究 [J]. 中国社会科学，2004（10）：117-129

[6] 范剑勇. 市场一体化、地区专业化与产业集聚趋势——兼谈对地区差距的影响 [J]. 中国社会科学，2004（10）：39-51.

[7] 刘志彪. 区域一体化发展的再思考——兼论促进长三角地区一体化发展的政策与手段 [J]. 南京师大学报（社会科学版），2014（11）：37-46.

[8] 范剑勇. 长三角一体化、地区专业化与制造业空间转移 [J]. 管理世界，2004（11）：77-84.

[9] 刘生龙，胡鞍钢. 交通基础设施与中国区域经济一体化 [J]. 经济研究，2011（03）：72-82.

[10] 邓丹萱. 交通基础设施的网络效应及溢出效应的实证研究 [D]. 对外经济贸易大学博士论文. 2014.3.

[11] 张先锋，丁亚娟，王红. 中国区域全要素生产率的影响因素分析——基于地理溢出效应的视角 [J]. 经济地理，2010（12）：195-201.

[12] 罗森斯坦·罗丹. 东欧和东南欧国家的工业化问题 [J]. 经济学杂志，1943（06）：131-143.

[13] 艾伯特·赫希曼. 经济发展战略 [M]. 北京科学出版社. 1991.

[14] 王俊. 我国中部地区扩大对内对外开放的思路与策略 [J]. 改革与战略.2013（（11）：75-77.

[15] Anselin Luc. Spatial Externalities，Spatial Multipliers，and Spatial Econometrics [J].

International Regional Science Review，2003，26（1）：178-192.

[16] Baldwin，R.，Rikard，F. Investment creation and investment diversion：Simulation analysis of the single market program [N].NBER Working Paper，1995，5364.

[17] Lipsey.R.G. The theory of Customes union：A general survey" [J]. Economic Joural，1969，70（2）：278-296.

[18] Kumur，A. Economic Reform and the Internal Division of Labor in China：Production，Trade and Marketing，[J]. London：Routledge，1994，16（02）：99-130.

[19] Rozelle，S.，Park，A.，Huang，J. and Jin，H.，"Liberalization and Rural Market Integration in China" [J].American Journal of Agricultural Economics，1997，18（2）：635-642.

[20] Behrens，K.International Integration and Regional Inequalities：How Important is National Infrastructure? [N].CORE Discussion Paper，2004，66.

[21] Burfisher，M.，Robinson，S.，Thierfelder，K.，Regionalism：old and new，theory and practice，paper prepared for presentation to the International Agricultural Trade Research Consortium（IATRC）Conference，Capri，Italy，2003.

[22] Chang，W.，Winters，L.A.，How regional blocs affect excluded countries：the price effects of MERCOSUR [N]. World Bank Working Paper，2002，2157.

[23] 刘乃全，任光辉. 专业市场扩张、特色产业集聚与区域分工深化——两大"专业市场辐射圈"的比较和启示 [J]. 产业经济研究.2011（03）：10-17.

[24] 邹卫星，周立群. 区域经济一体化进程剖析：长三角、珠三角与环渤海 [J]. 改革 2010（10）：86-93.

[25] 李涛，周锐. 长三角地区网络腹地划分的关联测度方法比较 [J]. 经济地理，2016（07）：236-245.

[26] 踪家峰，李静. 中国的基础设施发展与经济增长的实证分析 [J]. 统计研究，2006（07）：18-21.

[27] 卢杨帆. 区域一体化视域的城市基础设施发展水平评价 [J]. 城市问题，2014（10）：22-29.

[28] 阿尔弗雷德·马歇尔著，康运杰译. 经济学原理 [M]，北京：商务印务馆，2007.

[29] 阿尔弗雷德·韦伯著，李刚剑，陈志人，张英保译. 工业区位论 [M]，北京：商务印书馆，2010.

[30] Naugton，B. "How Much Can Regional Integration Do to Unify China s Markets?" Paper presented for the Conference for Research on Economic Development and Policy Research，Stanford University，1999.

[31] Young，A. "The Razor s Edge：Distortion s and Incremental Reform in the People' s Republic of China" [J]. Quarterly Journal of Economics，2000，115（4）：182-196.

［32］刘小勇，李真. 财政分权与地区市场分割实证研究［J］. 财经研究，2008（03）：88-98.

［33］陈刚，李树. 官员交流、任期与反腐败［J］. 世界经济，2012（02）：120-142.

［34］桂琦寒，陈敏，陆铭，陈钊. 中国国内商品市场趋于分割还是整合：基于相对价格法的分析［J］. 世界经济，2006（02）：20-30.

［35］金煜. 中国的地区工业集聚：经济地理、新经济地理与经济政策［J］. 经济研究，2006（04）：79-89.

［36］陈宇峰，叶志鹏，区域行政壁垒、基础设施与农产品流通市场分割——基于相对价格法的分析［J］. 国际贸易问题，2014（06）：99-111.

［37］荣朝和. 交通 - 物流时间价值及其在经济时空分析中的作用［J］. 经济研究，2011（08）：133-146.

［38］陆铭，陈钊. 市场分割：改革的另一陷阱？［N］. 经济学消息报，2002.2.1.

［39］杨小凯. 新政治经济学与交易费用经济学［J］. 制度经济学研究，2004（04）：158-164.

［40］黄新飞，陈珊珊，李腾，价格差异、市场分割与边界效应——基于长三角 15 个城市的价格研究［J］. 经济研究，2014（12）：18-32.

［41］范欣，宋冬林，赵新宇. 基础设施建设打破了国内市场分割吗？［J］. 经济研究，2017（02）：20-3.

［42］Joseph C. Trade with industry［J］.Journal of Economy，1975，78（03）：177-189.

［43］Paul Krugman. Increasing Returns and Economic Geography［J］. Journal of Political Economy，1991，99（1）：483-499.

［44］Sukkoo Kim，Expansion of Market and the Geographic Distribution of Economic Activities：The trends in US. Regional Manufacturing Structure［J］.Quarterly Journal of Economics，1995，110（2）：881-908.

［45］Avinash Dixit，Joseph Stiglitz.Monopolistic Competition and Optimum Product Diversity［J］.American Economic Review，1977，76（1）：297-308.

［46］Martin Raiser. Inequality：Economic Reforms，Fiscal Transfers and Convergence Across Chinese Provinces［J］.The Journal of Development Studies，1998，34（3）：1-26.

［47］Jian Tianlun，Jeffrey Sachs，Andrew M.Warner.Trends in Regional Inequality in China［N］. NBER working paper 1996，5412.

［48］Hill，P. On Goods and Services［J］.The Review of Income and Wealth，1977，34（1）：315-338.

［49］Sy lvie Demurger. InfrastructrureDevelopment and Economic Growth：An Explanation for Regional Disparities in China?［J］. Journal of Comparative Economics，2001，29（1）：95-117.

[50] Michal Michaely, QML Estimation of Dynamic Panel Data Models with Spatial Errors[J]. Singapore Management University Manuscript, 2007, 37 (1): 198–212.

[51] 小岛清，雁行型経済発展論小島ヴァージョンの成果と課題（下）[J]. 世界经济评论，2006 (06)：42–50.

[52] Freeman, R.I., Ganguli and R. Murciano–Goroff, "Why and Wherefore of Increased Scientific Collaboration?" [N].NBER Working Paper, 2004.129.

[53] Sukkoo Kim, Economic Integration and Convergence: U.S.Regions1840–1987 [J]. Journal of Economic History, 1998, 58 (3): 659 –683.

[54] Windmeijer, F.A Finite Sample Correction for the Variance of Linear Efficicnt Two–step GMM Estimators [J]. Journal of Econometrics, 2005.126 (1).pp. 25–51.

[55] Redding .S, Venables, A .Economic Geography and International Inequality [J]. Journal of International Economics, 2004, 62 (1): 53–82.

[56] Stock, J. Yogo, M.Testing for Weak Instruments in Linear IV Regression [N]. NBER Working Paper, 2002.284.

[57] 袁奇 . 当代国际分工格局下中国产业发展战略研究 [M]，西南财经大学出版社 2006.

[58] 章丽群 . 中美制成品产业内贸易与利益分配 [M]，上海财经大学出版社，2010.

[59] 陈迅，李维 . 我国产业内贸易影响因素实证分析 [J]. 世界经济研究，2004 (06)：48–54.

[60] 廖长友 . 中国制造业产业内贸易影响的实证分析 [J]. 西北大学学报，2004 (08)：45–47.

[61] 平新乔 . 产业内贸易理论与中美贸易关系 [J]. 国际经济评论，2005 (10)：12–14.

[62] 梅丽，张向阳 . 全球价值链视角下的制造业升级 [J]. 商业经济，2005 (10)：3–9.

[63] 佟家栋、刘钧霆 . 中国与日韩制造业贸易调整成本的经验研究——基于边际产业内贸易分析 [J]. 南开经济研究，2006 (06)：3–12.

[64] 李永发 . 东盟与中、美、印双边产业内贸易水平比较分析——基于东盟秘书处网站数据 [J]. 全国商情，2006 (10)：125–129.

[65] 杜莉 . 中国与美国高技术产品产业内贸易的实证研究 [J]. 数量经济技术经济研究，2006 (08)：90–97.

[66] 乔宇宏 . 中日工业制成品贸易比较优势分析 [J]. 对外经贸，2007 (01)：9–14.

[67] 江雪梅 . 中欧制成品产业内贸易分析 [J]. 科技经济市场，2008 (01)：121–126.

[68] 赵永亮，刘德学 . 市场歧视，区际边界效应与经济增长 [J]. 中国工业经济，2008 (12)：27–37.

[69] 余雪峰 . 产品内分工视野下国际贸易理论研究综述 [J]. 重庆科技学院学报，2007

（02）：18–22.

［70］张莹. 产品内分工：文献综述［J］. 中南财经政法大学学报，2006（05）：29–36.

［71］刘晓玲. 从中美产业内贸易看两国贸易发展趋势［J］. 商业时代，2006（08）：143–147.

［72］蒲华林，张捷. 产品内分工与中美结构性贸易顺差［J］. 世界经济研究，2007（02）：29–35.

［73］莫莎，黄锐. 产品内国际分工视角下的中美产业内贸易研究［J］. 大连理工大学学报（社会科学版），2009（03）：22–26.

［74］高翔，龙广宁，杨小亮. 交通基础设施与服务业发展——来自县级高速公路和第二次经济普查企业数据的证据［J］. 管理世界，2015（08）：81–96.

［75］张学良，李丽霞. 长三角地区产业一体化发展的困境摆脱［J］. 改革，2018（12）：72–82.

［76］周叔莲，王伟光. 科技创新与产业结构优化升级［J］. 管理世界，2001（05）：70–89.

［77］阿尔弗雷德·韦伯，工业区位论［M］，李刚剑，陈志人，张英保译，北京：商务印书馆，2010.

［78］O’Donoghue D.，Gleave B.，A Note on Methods for Measuring Industrial Agglomeration［J］. Regional Studies，2004，38（2）：419–427.

［79］Hall，R. A. Generalized Method of Moments［M］.Oxford University Press，2005.

［80］［美］艾瑞克·谢泼德. 刘卫东等译. 地理学还是经济学：空间、时间、相互依赖和经济人的概念［M］. 北京：商务印书馆，2005.

［81］Canning，D. The Contributions of Infrastructure to Aggregate Output［R］. World Bank Policy Research Working Paper，1999，2246.

［82］威廉·配第著，马妍译. 政治算数［M］，商务印书馆，2014.

［83］Elhorst，Fréret，Evidence of Political Yardstick Competition in France Using A Two-regime Spatial Durbin Model With Fixed Effects［J］. Journal of regional Science，2009，49（2）：931–951.

［84］刘军，徐康宁. 产业聚集、工业化水平与区域差异——基于中国省级面板数据的实证研究［J］. 中国软科学，2010（07）：91–102.

［85］王雨飞，倪鹏飞. 高速铁路影响下的经济增长溢出与区域空间优化［J］. 中国工业经济，2016（02）21–36.

［86］Poncet，S.Domestic Market Fragment at ion and Economic Growth in China［R］. Mimeo，Ersa Conference Papers，2003a.

［87］Eric macron，Florence puech，Measures of the geographic concentration of industries［J］. Empirical Economics，2008（34）：81–103.

[88] Rosenthal, S. and Strange, W., The determinants of Agglomeration [J]. Journal of Urban Economics, 2001, 50 (3): 191–229.

[89] 张学良，李培鑫，李丽霞. 政府合作、市场整合与城市群经济绩效——基于长三角城市经济协调会的实证检验. 经济学（季刊）[J].2017（04）：1563–1582.

[90] Belton M. Fleisher, Jian Chen. The Coast–Noncoast Income Gap, Productivity, and Regional Economic Policy in China [J]. Journal of comparative economics. 1997, 25 (1): 220–236.

[91] 胡向婷，张璐. 地方保护主义对地区产业结构的影响——理论与实证分析. 经济研究 [J]，2005（08）：16–115.

[92] 藤田昌九，保罗・克鲁格曼，安东尼・J・威布尔斯著，梁琦译. 空间经济学：城市，区域与贸易 [M]. 北京：中国人民大学出版社，2011.

[93] Viner J. The Customs Union Issue [M]. Carnegie Endowment for International Perce Press, 1950.

[94] Michael Frenkel, Thomas Trauth. Growth Effects of Integration among Unequal Countries [J].Global Finance Journal, 1997, 8 (1): 114–129.

[95] Kindleberger, C.P.European Integration and the International Corporation [J]. Columbia Journal of World Business, 1966, 32 (1): 65 –73.

[96] 楠玉，李静. 交通规模扩张稳定增长的内在机制——基于人力资本匹配的视角 [J]. 当代经济科学.2018（05）：114–123.

[97] Kapoor, M, Kelejian, Hand Prucha, Panel Data Models with Spatially Correlated Error Components [J].Journal of Econometrics, 2007, 140 (2): 97–130.

[98] 刘玉海. 交通基础设施的空间溢出效应及其影响机理研究 [D]. 南开大学博士论文，2012.05.

[99] 黄海霞，张治河. 基于 DEA 模型的我国战略性新兴产业科技资源配置效率研究 [J]. 中国软科学，2015（01）：150–159.

[100] Sanchz–Robles, B. Infrastructure Investment and Growth: Some Empirical Evidence [J]. Contemporary EconomicPolicy, 1998, 16 (2): 321–332.

[101] 楠玉，李静. 交通规模扩张稳定增长的内在机制——基于人力资本匹配的视角 [J]. 当代经济科学. 2018（05）：114–123.

[102] Abdel–Rahman, H. M. and M. Fujita, Product variety, Marshaling Externalities and City Sizes [J]. Journal of Regional Science, 1990, 30 (3): 1–21.

[103] 鞠晴江，基础设施与区域经济发展 [D]. 四川大学博士论文，2006，03.

[104] Demurger, S. Differences in Infrastructure Investments: An Explanation for Regional Disparities in China [R].Prepared for CEANA Session at ASSA Meeting, Boston, January, 2000.

[105] Parsley. D. and S .Wei, Convergence to the Law of One Price without Trade Barriers or Currency Fluctuations [J]. Quarterly Journal of Economics, 1996, 111 (4): 197-211.

[106] 陆铭，陈钊. 中国区域经济发展中的市场整合与工业集聚 [M]. 上海：上海三联书店，上海人民出版社，2006.

[107] Poncet .S. Domestic Market Fragment at ion and Economic Growth in China [J]. Quarterly Journal of Economics, 2003, 24 (1): 178-193.

[108] Parsley, D., Wei, S., Convergence to the Law of One Price without Trade Barriers or Currency Fluctuations [J]. Quarterly Journal of Economics, 1996, 111 (4): 1211-1236.

[109] 郑毓盛，李崇高. 中国地方分割的效率损失 [J]. 中国社会科学，2003 (01): 64-72.

[110] 董洪超，蒋伏心，路璐. 基于 DEA 模型的江苏经济发展中交通基础设施的效率研究. 经济问题探索 [J]. 2017 (10): 80-87.

[111] 文东伟. 经济规模、技术创新与垂直专业化分工 [J]. 数量经济技术经济研究，2011 (8): 3-20.

[112] Xu, X., Have the Chinese Provinces Become Integrated under Reform? [J]. China Economic Review, 2002, 13 (2-3): 116-133.

[113] 郑毓盛，李崇高. 中国地方分割的效率损失 [J]. 中国社会科学，2003 (01): 64-72.

[114] 黄寿峰，王艺明. 我国交通基础设施发展与经济增长的关系研究——基于非线性 Granger 因果检验 [J]. 经济学家，2012 (06): 90-96.

[115] Naugton, B., How Much Can Regional Integration Do to Unify China s Markets? [R] Paper Presented for the Conference for Research on Economic Development and Policy Research, Stanford University, 1999.

[116] 白重恩，杜颖娟，陶志刚，仝月婷. 地方保护主义及产业地区集中度的决定因素和变动趋势 [J]. 经济研究，2004 (04): 29-40.

[117] EM Gramlich, Infrastructure Investment: A Review Essay [J], .Journal of Economic Literature, 1994, 32 (3): 1176-1196.

[118] ELI. Heckscher, Thr effect of foreign trade on the distribution of income [J]. Readings in the Theory of International Trade., 1949, 38 (4): 272-300.

[119] H. M. Abdel-Rahman, Product differentiation, monopolistic competition and city size [J]. Regional Science and Urban Economics, 1988, 18 (2): 69-86 .

[120] 王雨飞，倪鹏飞. 高速铁路影响下的经济增长溢出与区域空间优化 [J]. 中国工业经济，2016 (02): 21-36.

[121] Krugman. P，1991，Increasing Returns and Economic Geography .Journal of Political Economy 99，483—499.

[122] 白重恩、杜颖娟、陶志刚等，地方保护主义及产业地区集中度的决定因素和变动趋势［ J ］. 经济研究.2004（ 4 ），29–40.

[123] 刘生龙，胡鞍钢. 交通基础设施与经济增长：中国区域差距的视角［ J ］. 中国工业经济，2010，（ 4 ）：14–23.

[124] Elhorst，and Fréret，2009，“Evidence Of Political Yardstick Competition In France Using A Two–regime Spatial Durbin Model With Fixed Effects”，Journal of regional Science，Vol.49，931—951.

[125] Krugman. P，Increasing Returns and Economic Geography［ J ］. Journal of Political Economy.，1991，99（ 3 ）：483—499.

[126] 白重恩，杜颖娟，陶志刚等，地方保护主义及产业地区集中度的决定因素和变动趋势［ J ］. 经济研究，2004（ 04 ）：29–40.

[127] Ohlin，B. Interregional and International Trade［ M ］.Harvard University Press，1933.

[128] Krugman，Obstfel，International Economics：Theory and Practice［ M ］.Addison–Wesley，Reading，MA .Kung，1999.

[129] Abdel–Rahman，H. M.，M. Fujita，Product variety，Marshaling Externalities and City Sizes［ J ］. Journal of Regional Science，1990，30（ 2 ）：1–21.

[130] Combe，P.，G .Spatial Wage Disparities：Sorting Matters［ J ］. Journal of urban Econormics，2008，63（ 3 ）：723–742.

[131] Brülhart and Mathys. Sectorial Aglow-elation Economics in a Panel of European Regions［ J ］. RegionalScience and Urban Economics，2008，38（ 2 ）：348–362.

[132] 杨仁发. 产业集聚与地区工资差异［ J ］. 管理世界，2013（ 08 ）：41–52.

[133] 樊福卓. 地区专业化的度量［ J ］，经济研究，2007（ 09 ）：71–83.

[134] 文东伟. 经济规模、技术创新与垂直专业化分工［ J ］. 数量经济技术经济研究，2011（ 8 ）：3–20.

[135] Marshall，A. Principles of Economics［ M ］.MacMillan，New York，1920.

[136] 唐东波. 贸易开放、垂直专业化分工与产业升级［ J ］. 世界经济，2013（ 04 ）：47–68.

[137] 白重恩. 地方保护主义及产业地区集中度的决定因素和变动趋势［ J ］. 经济研究，2004（ 04 ）：29–40.

[138] 陈钊，王旸. “营改增”是否促进了分工：来自中国上市公司的证据［ J ］. 管理世界，2016（ 03 ）：36–45.

[139] Krugman，Obstfeld. International Economics：Theory and Practice［ M ］.Addison–Wesley，Reading，MA .Kung，J .K.–S .1999.

[140] Ohlin, B. Interregional and International Trade[M]. Harvard University Press. 1933.

[141] 秋山裕著，刘通译. 发展经济学导论［M］. 北京：中国人民大学出版社，2014.

[142] Eric macron, Florence puech, Measures of the geographic concentration of industries[J]. Empirical Economics，2008，34（2）：81–103.

[143] Young，A.，The Razor`s Edge：Distortion s and Incremental Reform in the People' s Republic of China [J]. Quarterly Journal of Economics，2000，115（4）：1091–1135.

[144] Brülhart，Mathys，Sectorial Aglow elation Economics in a Panel of European Regions [J]. RegionalScience and Urban Economics，2008，38（3）：348–362.

[145] Elhorst，Fréret，. Evidence Of Political Yardstick Competition In France Using A Two–regime Spatial Durbin Model With Fixed Effects [J]. Journal of regional Science，2009，49（4）931—951.

[146] 吴三忙，李善同. 中国经济复杂度及其演变：基于 1987 年至 2007 年的投入产出表测算［J］. 管理评论，2013（03）：3–11.